技工院校电子商务专业教材

高等职业院校电子商务专业教材

电子商务基础

贾婧文◎主编

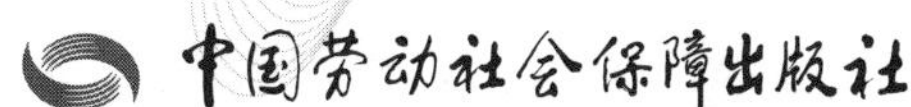

简介

本教材主要介绍了电子商务概述、电子商务交易模式、电子商务支付与安全、直播电商与短视频电商、移动电子商务等内容。教材以“项目—学习单元”形式编写，设计了导语、知识窗、思考与练习等多个栏目，内容与时俱进，语言简练通俗，易于学生理解并将理论转化为实践，从而适应职业岗位的需要。

本教材由贾婧文任主编，林栋、鞠萍、韩冰、于春燕参与编写，关井春审稿。

图书在版编目（CIP）数据

电子商务基础 / 贾婧文主编. -- 北京：中国劳动社会保障出版社，2024. --（技工院校电子商务专业教材）（高等职业院校电子商务专业教材）. -- ISBN 978-7-5167-6634-7

Ⅰ. F713.36

中国国家版本馆 CIP 数据核字第 2024KA2737 号

中国劳动社会保障出版社出版发行

（北京市惠新东街 1 号　邮政编码：100029）

*

河北宝昌佳彩印刷有限公司印刷装订　　新华书店经销

787 毫米 × 1092 毫米　16 开本　8.5 印张　167 千字

2024 年 12 月第 1 版　　2024 年 12 月第 1 次印刷

定价：19.00 元

营销中心电话：400-606-6496

出版社网址：https://www.class.com.cn

https://jg.class.com.cn

前言

近年来，我国电子商务取得显著成就，电子商务已经全面融入我国生产生活各领域，成为提升人民生活品质和推动经济社会发展的重要力量。电子商务的新业态、新模式发展也创造了大量新职业、新岗位，对电子商务从业人员的职业素质提出了新要求。为了培养更加符合电商技术领域和职业岗位（群）工作要求的高素质应用型人才，我们组织有关行业企业专家、职业院校电商专业学科带头人、骨干教师，依据电子商务师国家职业技能标准和企业实际需求，研发了这套电子商务专业教材。

新编写的教材具有以下主要特点：

1. 着眼电商企业新技术、新业态发展，构建满足企业用人需求的专业教材体系

本套教材立足电商企业技术服务与运营推广的岗位架构，围绕电商直播、短视频制作与推广、跨境电子商务等新技术与新业态，构建了由专业基础课程教材、专业核心课程教材和专业拓展课程教材组成的教材体系，主要包括《电子商务基础》《电子商务法律法规》等专业基础课程教材，《商品图片拍摄与处理》《网店视觉设计》《网站设计与开发》等技术与服务类专业核心课程教材，《网店运营实务》《跨境电子商务实务》《电商直播》等运营与推广类专业核心课程教材，以及《电子商务会计》《电子商务物流》等专业拓展课程教材，以岗位工作为导向，以综合职业能力为核心，培养符合企业需求的电商应用型人才。

2. 积极创新教材编写模式，注重实践能力培养

在教材研发过程中，坚持产教融合、工学一体的职业教育理念，对于技术技能型课程，积极探索按照职业领域典型工作任务，以工作过程为主线，以综合职业能力为目标，体现项目导向、任务驱动、工学结合的教学设计。对于专业理论课程，则尽可能多地引入企业真实案例、素材等，以提高学生的工作实践能力。

3. 开发多种教学资源，提供优质教学服务

在教学服务方面，围绕主教材，配套开发电子课件和相应的习题册，并对重点核心课程开发操作演示视频、微课、素材库等数字资源，方便教师教学和学生自主学习。电子课件及习题册答案可登录技工教育网（https://jg.class.com.cn）查询下载，数字化配套产品扫描书中二维码即可在线观看。

4. 丰富教材表现形式，提高教材可读性

教材的表现形式符合职业院校学生的认知规律。通过清晰的栏目设置，增强教材的表现力，并尽可能多地以图表代替大段冗长的文字叙述，使教学内容直观明了，降低学习难度。同时，对部分教材采用四色印刷，以增强教材内容的表现效果，提高教材的时代性和可读性。

本套教材的编写工作得到了有关学校的大力支持，教材的编审人员做了大量的工作，在此我们表示衷心的感谢！同时，恳切希望广大读者对教材提出宝贵的意见和建议。

编者

目 录

项目一 电子商务概述

学习单元 1 初识电子商务

学习目标

知识目标

1. 了解电子商务的含义
2. 掌握电子商务的环境要素

技能目标

1. 能比较电子商务与传统商务的异同
2. 能识别电子商务的特征

导语

电子商务是一种依托电子设备和网络技术进行的商务模式，其关键在于实现了商业活动的电子化。随着电子商务的迅猛发展，它的涵盖范围已经远远超出了单纯的购物行为，还囊括了诸如物流配送等一系列附加服务。电子商务不仅涉及电子货币交换、供应链管理、电子交易市场、网络营销、在线事务处理等多个方面，还包括电子数据交换、存货管理以及自动数据收集系统等技术应用。这些功能共同构成了一个完整、高效的电子商务体系。

思考：电子商务与传统商务有什么区别？

一、电子商务的含义

广义上的电子商务是指利用电子手段进行的所有商业事务活动，这涵盖了企业内部、供应商、合作企业以及合作伙伴之间，通过互联网等电子工具共享业务信息，以实现企业间业务流程的电子化。这种电子化协作与企业内部的电子化生产管理系统相结合，能够显著提高企业在生产、库存、流通及资金管理等环节的效率。

狭义上的电子商务特指利用互联网等电子工具（如电报、电话、广播、电视、传真、计算机网络、移动通信等）在全球范围内开展商务贸易活动，这包括了商品和服务的提供者、广告商、客户、中介商等所有相关方的行为总和。通常人们所说的电子商务即狭义上的电子商务。

如图 1-1 所示，一次完整的电子商务活动涵盖多个环节和参与者。除了买家和卖家之外，还涉及采购供应中心、配送中心、客服中心等重要机构。这些机构协同工作，确保电子商务的顺畅进行。由于电子商务中的各方在物理空间上是互不见面的，因此整个电子商务流程并非简单复制物理世界的商务活动。在这一过程中，网上银行、电子支付等金融条件，以及数据加密、电子签名等安全技术发挥着至关重要的作用，为电子商务的顺利进行提供了有力保障。

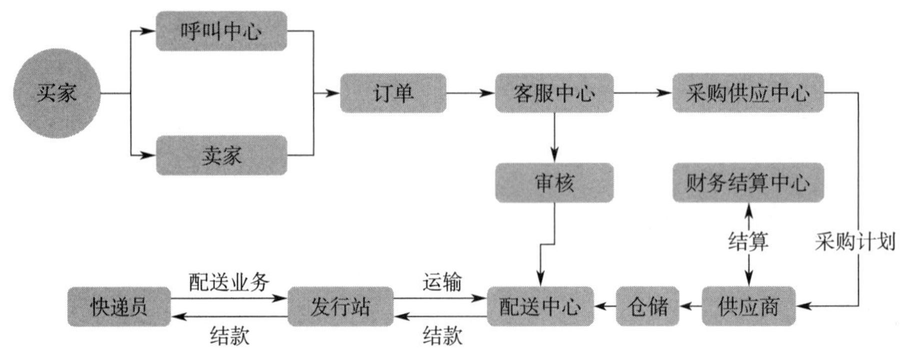

图 1-1　电子商务活动流程图

二、电子商务的特征

从电子商务的定义及其演变历程中，可以归纳出电子商务的几个基本特征。

1. 普遍性

电子商务这种新型交易模式，成功地将生产企业、流通企业、客户以及政府引领进入了一个全新的网络经济与数字化生存的时代。

2. 便捷性

在电子商务的环境下，地域限制被打破，客户能够以便捷的方式完成以往复杂的商业活动。例如，通过网络银行，客户可以全天候地存取资金、查询信息等，同时，这也大幅提升了企业为客户提供服务的质量。此外，在电子商务的商业活动中，人脉资源的开发与沟通变得更加容易，且从业时间更加灵活。

3. 整体性

电子商务能够标准化和优化事务处理的工作流程，将人工操作与电子信息处理无缝集成，从而提高人力资源和物力资源的利用效率，同时也增强了系统运行的严谨性。

4. 安全性

在电子商务领域，安全性是至关重要的。它要求网络提供端到端的安全解决方案，包括但不限于加密、签名机制、安全管理、存取控制、防火墙以及防病毒保护等，这与传统的商业模式存在显著差异。

5. 协调性

商业活动本质上是一个协调的过程，需要客户与企业内部、生产商、批发商以及零售商之间的紧密协作。在电子商务环境中，这种协调性变得尤为重要，它要求银行、配送中心、通信部门以及技术服务部门等多个部门之间的无缝配合，确保电子商务的整个流程能够顺畅无阻地进行。

三、电子商务的分类

按照不同的标准，电子商务可划分为不同的类型。

1. 按照商业活动的运作方式分类

按照商业活动的运作方式不同，电子商务可分为完全电子商务和非完全电子商务。

完全电子商务是指完全可以通过电子商务方式实现和完成完整交易的交易行为和过程，非完全电子商务是指不能完全依靠电子商务方式实现和完成完整交易的交易行为和过程。非完全电子商务要依靠一些外部因素，如运输系统等。

2. 按照开展电子交易的范围分类

按照开展电子交易的范围不同，电子商务可分为本地电子商务、远程国内电子商务和全球电子商务。

本地电子商务是指利用本城市或本地区的信息网络实现的电子交易活动，电子交易的范围较小；远程国内电子商务是指在本国范围内进行的电子交易活动；全球电子商务是指在全世界范围内进行的电子交易活动。

3. 按照商务活动的内容分类

按照商务活动的内容不同，电子商务可分为间接电子商务和直接电子商务。

间接电子商务是指有形货物的电子订货与付款活动，直接电子商务是指无形货物或者服务的电子订货与付款活动。

4. 按照使用网络的类型分类

按照使用网络的类型不同，电子商务可分为基于电子数据交换的电子商务、基于互联网的电子商务以及基于企业内网的电子商务。

基于电子数据交换的电子商务是指利用电子数据交换进行的电子交易活动，基于互联网的电子商务是指利用互联网进行的电子交易活动，基于企业内网的电子商务是指利用企业内部网络进行的电子交易活动。

5. 按照交易对象分类

按照交易对象不同，电子商务可分为企业对企业的电子商务（B2B）、企业对客户的电子商务（B2C）、企业对政府的电子商务（B2G）、客户对政府的电子商务（C2G）、客户对客户的电子商务（C2C）等。

四、电子商务的产生和发展

电子商务的历史可追溯至20世纪60年代，从电报、传真、电话的商业应用开始，电子商务的雏形便已显现。然而，由于当时信息流电子化水平有限，它还未达到现今电子商务的标准。现代电子商务的演进经历了两个主要阶段：首先是基于电子数据交换的电子商务，随后是基于互联网的电子商务。

在基于电子数据交换的电子商务阶段，人们发现贸易数据处理过程中，大量数据需要从一个计算机系统转移至另一个计算机系统。为提高数据准确性和工作效率，数据自动交换的需求应运而生，从而推动了电子数据交换技术的诞生。硬件方面，早期的电子数据交换主要依赖安全性较高的专用网络。但随着互联网安全性的提升，一个低成本、广覆盖、优质服务的系统逐渐取代了专用网络，形成了互联网电子数据交换。软件方面，由于各行业企业的数据库信息格式各异，因此，为进行传输，需将企业专用数据库中的信息转换成电子数据交换标准格式，这一过程离不开专门的电子数据交换软件。

20世纪90年代后，互联网的快速发展使其功能从信息共享转变为广泛的信息传播，原本被排斥在外的商业贸易活动也开始融入其中。电子商务因此成为互联网应用的热点。此阶段，众多企业在互联网上建立网站，进行商品推广和交易，网络客户和交易金额均迅速增长。

知识窗

随着互联网行业的蓬勃发展，许多行业已经从初步与互联网的结合逐渐迈向深度融合的新阶段。电商行业正是借助互联网的强劲势头，不断发展壮大，客户规模持续扩大，网上零售额也在稳步增长。据中国互联网络信息中心数据显示，截至2023年，我国网络购物客户规模已达到9.15亿，相比2021年增加了1.33亿。与此同时，随着经济的持续增长和人均可支配收入的提升，网络购物客户规模不断扩大，网上零售额也在逐年增加。国家统计局数据表明，网上零售额从2021年的117 601亿元增长至2023年的154 264亿元，年均复合增长率高达14.53%。

五、电子商务对社会和经济的影响

1. 改变了商务活动的方式

传统商务活动中，推销员四处奔波，采购员忙碌穿梭，客户也需耗费大量体力在商场寻找所需商品。然而，如今互联网改变了这一切。只需动动手指，人们就能在网上商场轻松浏览和采购各类商品，并享受在线服务。商家也能通过网络与客户便捷沟通，实现货款结算。政府同样能高效地进行电子招标和政府采购。

2. 改变了人们的消费方式

网上购物的显著特点在于客户的主导性。购物决策完全掌握在客户自己手中，他们可以按照自己的意愿自由选择商品。此外，网上购物提供了一种轻松自由的自助服务方式，让客户能够独立完成交易。这种购物模式充分体现了客户主权，即客户在网络购物中的自主权和选择权。

3. 改变了企业的生产方式

电子商务作为一种便捷快速的购物方式，使得客户的个性化和特殊化需求能够通过网络直接展示给生产商。为了赢得客户和市场，众多生产企业积极响应客户需求，进行针对性的商品设计和研发。因此，电子商务在企业中得到了广泛发展。

4. 为传统行业带来一场革命

电子商务通过人与电子通信方式的紧密结合，在商务活动的全过程中极大地提升了效率，同时减少了不必要的中间环节。这一变革使得传统制造业得以进入小批量、多品种的新时代，从而实现“零库存”的可能。对于传统的零售业和批发业而言，电子商务催生了无店铺、网上营销等创新模式。此外，各类线上服务也为传统服务业提供了全新的方向，推动了行业的持续创新与发展。

5. 带来一个全新的金融业

在线电子支付作为电子商务的核心组成部分，为电子商务的顺畅发展奠定了坚实基础。随着电子商务在交易环节的不断突破，网上银行、银行卡网络支付、银行电子支付系统，以及电子支票、电子现金等新型服务应运而生，这些创新将传统金融业引领进入了一个全新的发展领域。

6. 转变政府的行为

政府肩负着社会、经济、文化等多方面的管理和服务职责。在电子商务时代，随着企业运用电子商务进行生产经营、银行实现金融电子化，以及客户开始网上消费，政府的管理行为也应与时俱进。这对政府提出了新的要求，促使电子政务或网上政府与电子商务一同迅猛发展，共同推动社会的进步。

六、电子商务与传统商务的比较

电子商务与传统商务在很多方面有所区别，具体见表 1-1。

表 1-1 电子商务与传统商务的比较

类别	电子商务	传统商务
交易活动过程	通过网站可以实现多个卖家信息的查询，省时、省力、省钱	需要消耗人力、时间、资金等
交易环节	交易环节较少	交易环节较多
交易费用	费用较低	费用较高
交易环境	依托于互联网的虚拟交易环境	面对面的实际商务环境

七、电子商务的发展环境

电子商务的发展环境具有多元性，主要包含技术、经济、法规和政策四大方面。

1. 技术环境

随着网络的广泛普及，硬件和软件技术的持续创新为企业和个人的电子商务活动带来了前所未有的便捷。然而，由于经济发展的不均衡，计算机客户的增长在各地呈现不均衡态势。在经济发达地区，如北京、上海、广州，上网人数和域名注册数量均处于国内领先地位，而中西部地区的发展则相对滞后。就我国当前的信息基础设施建设而言，为满足企业电子商务的需求，信息化基础建设仍需进一步加强。

2. 经济环境

电子商务是国民经济和社会信息化的关键组成部分，它的发展是推动工业化、转变经济增长方式、提高经济运行质量和效率的重要途径，对实现经济持续发展具有深远意义。近年来，我国电子商务的迅猛发展为经济增长注入了新的活力，不仅刺激了消费需求和投资热潮，还为创业创新提供了新的空间。同时，电子商务与制造业的融合正加速进行，推动着服务业的转型升级，催生了新兴业态，成为新的经济增长动力。

3. 法规环境

探讨和研究电子商务立法问题，并建立起符合中国特色且与国际电子商务趋势相适应的法规体系，对我国电子商务的推进至关重要。从实践中总结出的主要法规问题涉及电子合同的成立与效力、数字签名与认证、电子支付、电子邮件广告等多个方面。这些问题需要在不同层面和领域通过立法进行规范和解决。

4. 政策环境

政府对新兴产业的重视和支持往往通过政策来体现。政府制定的政策对产业或行业的发展起着重要的推动作用。中华人民共和国商务部、中央网络安全和信息化委员会办公室、国家发展和改革委员会联合发布了《“十四五”电子商务发展规划》(以下简称《规划》)，明确了未来五年我国电子商务的发展方向和任务，并设定了具体的交易额目标。《规划》为电商的未来发展提供了坚实的政策支撑，并突出了电子商务在新时代的新使命、新的发展原则和政策导向，构建了服务新发展格局的战略框架。目前，电子商务已深度融入我国社会经济的各个领域，对经济社会的数字化转型起到了重要的推动作用。

思考与练习

1. 一个完整的电子商务活动流程由哪几部分组成？
2. 电子商务的优势有哪些？
3. 电子商务相较传统商务给人们的生活带来了哪些改变？

学习单元 2　电商客服基础

学习目标

知识目标

1. 了解电商客服的概念和要求
2. 掌握电商客服的基本准则

技能目标

1. 能使用各种电商客服工具与客户沟通
2. 能处理客户的有效订单

导语

与传统商务不同，电子商务主要通过网站或页面展示，商品也主要通过图片、文字和视频来呈现。这导致客户难以直接了解商家实力和商品实际情况，从而产生疑虑和距离感。因此，电商客服的作用至关重要，不仅能解答客户疑问，还能让客户感受到商家的服务态度和质量。因此，想要更好地为电子商务提供服务保障，必须深入了解电商客服的工作。

思考：客服在电子商务交易中的重要意义是什么？

一、电商客服的概念

电商客服工作是电子商务不可或缺的一环。电商客服是在线服务的前线人员，运用多种通信工具处理订单、传递信息、进行客户调研以及处理客户投诉。他们不仅是商家与客户沟通的桥梁，更是网络环境中客户服务的重要枢纽。电商客服工作高度依赖网络环境，服务范围涵盖客户答疑、订单促成、店铺推广、销售完成以及售后服务等多个关键环节。

电商客服工作的核心宗旨是以客户为中心，致力于提供全方位的贴心服务，旨在为客户创造愉快的购物体验。客户满意度是衡量电商客服工作成效的关键指标，而这在很大程度上取决于客户关键接触点的管理。每一个接触点所提供的商品或服务都至关重要，它们直接影响着客户的感知和满意度。

二、电商客服的要求

1. 心理素质要求

客户服务行业对从业人员的心理素质有着特定的要求，这些要求直接关系到服务质量和客户满意度。电商客服的心理素质要求见表 1–2。

表 1–2　　电商客服的心理素质要求

心理素质要求	简要说明
抗挫能力、不言败精神	电商客服应具备强大的抗挫能力，在面对拒绝或挑战时保持良好心态
应变能力、进取精神	电商客服在面对不同性格的客户以及各种突发事件时，能够灵活应变，稳妥处理
付出精神、情绪调控能力	电商客服应对每一位客户都展现出充分的热情和积极的服务态度，并具备良好的情绪调控能力，始终保持礼貌和热情，提供周到细致的服务

2. 品格素质要求

电商客服的品格素质是确保优质服务的重要基石，它直接关系到客户满意度以及企业的整体形象，具体见表 1–3。

表 1–3　　电商客服的品格素质要求

品格素质要求	简要说明
热情、信守承诺	电商客服应以极大的热情投入工作中，在与客户交流时，不轻易做出承诺，但一旦给出承诺，就必须严格兑现，以维护企业的信誉和客户的信任
真诚、谦虚	电商客服应以真诚的态度对待每一位客户，同时保持谦虚，充分尊重客户的意见和需求，运用自身掌握的专业知识和技能，为客户提供满意的服务，展现出专业素养和服务精神
耐心、勇于承担	耐心是电商客服对待客户的核心态度。电商客服必须站在客户的立场上，了解并包容客户的各种需求，面对挑剔的客户时，也应保持耐心和包容心。在出现问题时，电商客服应勇于承担责任，积极履行自己的义务，确保客户满意

续表

品格素质要求	简要说明
集体荣誉感	电商客服应具备良好的集体荣誉感，通过自己的努力工作，为团队赢得荣誉，同时也为树立和提升电商企业的整体形象发挥积极且关键的作用

3. 技能素质要求

电商客服的技能素质是提供高效、专业服务的关键要素，它直接决定了服务过程的顺畅度和客户的整体服务体验，具体见表 1-4。

表 1-4　电商客服的技能素质要求

技能素质要求	简要说明
沟通协调能力	电商客服应具备出色的沟通协调能力，从售前到售后全程与客户保持顺畅交流，能耐心有效地答疑解惑、引导启发以及倾听客户抱怨，进行有效的沟通
文字与语言表达能力	良好的文字和语言表达能力对于电商客服至关重要。电商客服应掌握有效的倾听技巧，同时，还应熟练运用各种招呼、提问和回答技巧，确保与客户沟通的准确性和高效性
创新能力与人际关系建设	电商客服应具备创新思维，不断探索新工具、新交流方式以及新的商品宣传和促销手段。同时，电商客服应建立良好的人际关系，包括与同事、上下级以及客户之间的和谐关系
观察力与洞察力	电商客服需要具有敏锐的观察力和洞察力，以准确捕捉客户需求，并能通过对客户信息的深入分析和与客户沟通时的心理洞察，更好地了解客户需求，从而提供精准的服务

4. 知识素质要求

电商客服的知识素质是提供专业服务不可或缺的支撑，它直接影响问题解决的速度与质量，关乎客户对服务专业性的认可，具体见表 1-5。

表 1-5　电商客服的知识素质要求

知识素质要求	简要说明
丰富的专业知识	电商客服应具备扎实的专业知识，涵盖网络营销和电子商务基础理论，同时应建立牢固的品牌意识
熟练的业务知识	电商客服应熟练掌握与电子商务业务相关的各类知识和技能，包括但不限于业务流程的精通、客服工具的熟练运用，以及对电商平台商品特性与使用方法的深入了解

三、电商客服的分类

电商客服可以在不同维度下分类，较为常见的有按客服形式、按业务职能等维度分类，如图 1–2 所示。

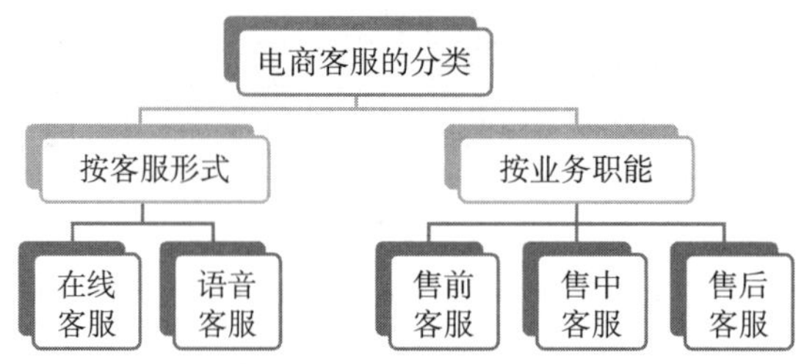

图 1–2　电商客服的分类

1. 按客服形式分类

（1）在线客服

在线客服也称为网上前台，是以网站为媒介，方便网络访客通过页面通信技术与网站客服人员进行即时沟通的服务。通过在线客服能了解访客轨迹、进行流量统计分析，还可以进行客户关系管理。在线客服对话窗口如图 1–3 所示。

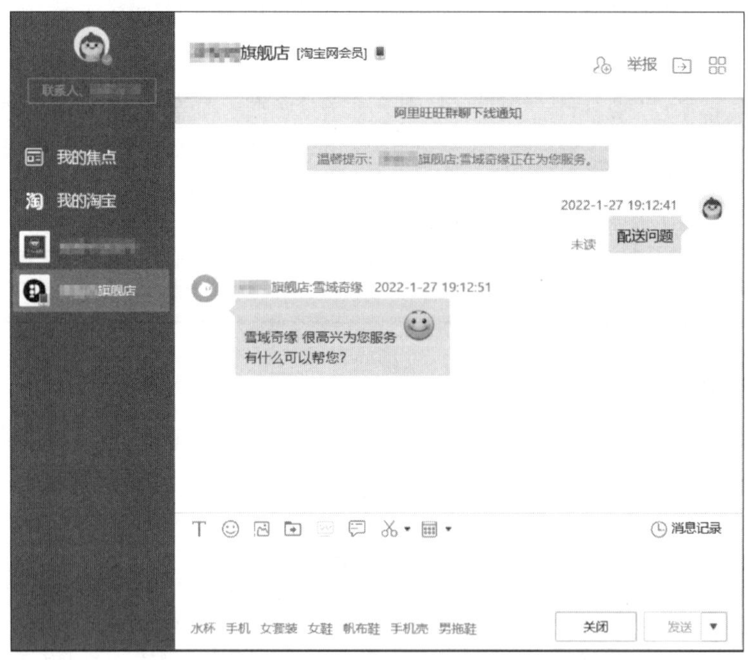

图 1–3　在线客服对话窗口

（2）语音客服

语音客服是指以固定电话或移动电话形式进行客户服务的人员，如图 1–4 所示。呼叫中心充分利用现代通信与计算机技术，如交互式语音应答系统、自动呼叫分配系统等，自动、灵活地处理大批量电话呼入和呼出业务。

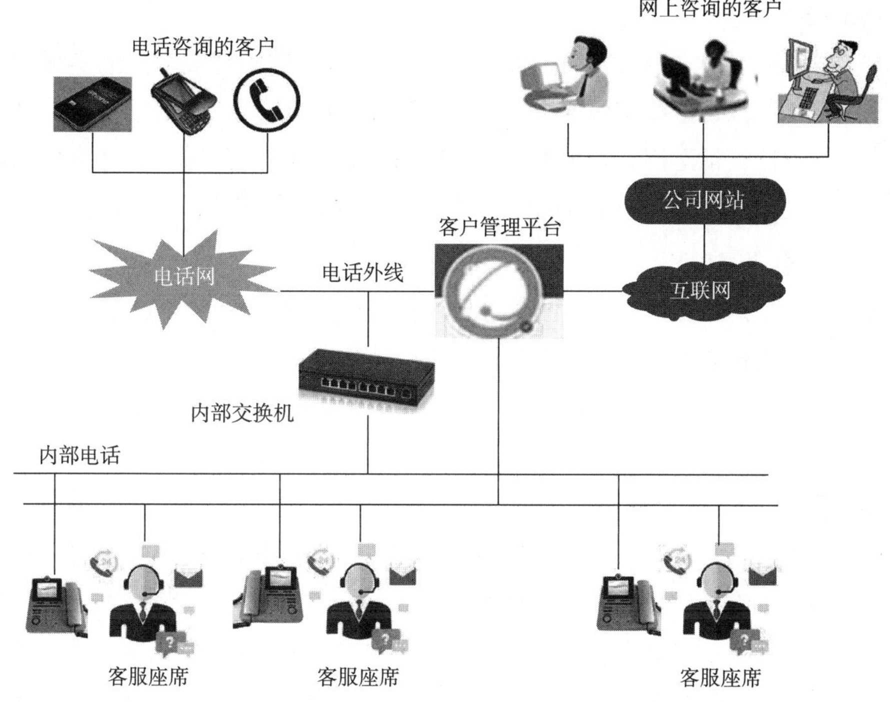

图 1–4 语音客服示意图

2. 按业务职能分类

（1）售前客服

售前客服是指企业在销售商品或服务之前负责解答关于商品、交易和服务等方面问题的客户服务人员。电商客服代表网店的形象，是和客户直接交流的重要角色，首要的工作就是要做好客户购物的引导工作，做到“不放过每个进店的客户”，并且尽可能提高客户进店购物的客单价，提高全店的转化率。

（2）售中客服

售中客服是指在商品或服务交易过程中为客户提供订单处理、物流跟踪等服务的人员。售中客服与客户的实际行动相伴随，是促进商品成交的核心环节。

（3）售后客服

售后客服是指商品或服务销售后，为客户提供退换货、技术支持、投诉处理等服务的人员。电子商务中，商品寄出后主要问题由售后客服处理。

四、电商客服的工作内容

电商客服的工作内容涵盖多个方面。首先，要负责网店日常的销售工作，这包括为客户提供商品导购服务、解答相关问题，并致力于促成交易等。其次，电商客服需处理订单相关的各项任务，如接单、打单、查单，并确保售后服务的质量。此外，整理和分析网店的销售数据及资料也是电商客服的重要职责。

1. 商品导购

在与客户进行线上沟通时，电商客服应深入了解并准确捕捉客户的实际需求与期望。对于客户的咨询，电商客服要提供详尽的解答，并给予专业的购买建议。在沟通过程中，电商客服应灵活运用各种服务技巧，准确辨识并妥善处理客户的不同需求。面对客户的异议或投诉，电商客服应以高度的责任心和耐心进行回应，力求让客户满意。

2. 处理订单

处理有效订单时，电商客服的主要工作包括确认订单的各项信息、仔细排查尚未发货的订单、妥善处理缺货的情况，以及快速响应紧急订单等。同时，订单跟踪也是不可或缺的一环，包括查看物流的最新信息，提醒客户及时签收货物，并在收货后给予客户温馨的评价提示。

3. 售后服务

售后服务是在客户签收货物后提供的关键服务。此阶段电商客服的主要目标是解决销售过程中可能出现的纠纷，具体涉及退换货的处理、差评的应对、投诉与维权问题的解决，以及客户关系的维系和信息反馈等。面对这些问题，电商客服需要深入调查其产生的原因，并迅速采取有效的措施进行整改。售后服务的工作内容如图 1–5 所示。

图 1–5　售后服务的工作内容

4. 客户关系管理

客户关系管理是提升客户满意度和忠诚度的核心环节。这要求电商客服全面收集客户的资料，深入分析客户信息，并建立详尽的客户数据库。基于这些信息，电商客服应进一步划分客户等级，实施更为精细化的管理。同时，电商客服应提供贴心的客户关怀，增强客户对企业的信任和依赖。

五、电商客服的工具

互联网的互动性是它与其他媒体的主要区别。电商客服所提供的互动式服务不仅涵盖了多样化的沟通渠道，还具备了卓越的客户处理能力。这种服务主要依赖于电话、电子邮件、在线表单以及电子商务平台即时通信工具等多种工具，构成了一个输入输出双向的互动式服务体系。借此，企业可以将售前、售中、售后等客户服务环节转移至网络平台，从而加强与客户的联系，及时响应客户需求。同时，这一过程还有助于企业收集客户信息，进而提升其市场竞争力。

1. 电话服务

电话服务是一种便捷高效的沟通方式。客服人员可以通过电话与客户进行直接的交流，以此来维护客户关系。例如，中国电信客服中心便是通过 10000 客户服务热线为客户提供电话服务，并从中获取收益。

2. 电子邮件

电子邮件是客服人员利用互联网邮箱和邮件客户端软件，与客户进行沟通交流、接受咨询，并向客户发送广告信息和反馈的重要手段。众多互联网企业，如新浪和网易等，都提供网页邮件服务，使客户能够在任何具备互联网连接和网页浏览器的地方轻松读取和发送电子邮件，无须依赖特定的客户端软件。

3. 在线表单

在线表单通过网络进行市场调查和报表统计，帮助企业更深入地了解客户心理，如图 1-6 所示。这一工具的应用，使得企业能够更精准地把握市场需求，从而优化商品和服务。

图 1-6　在线表单

4. 电子商务平台即时通信工具

电子商务平台即时通信工具在客户服务中发挥着重要作用。当客户访问企业网站时，他们可以通过点击页面上的在线客服图标，轻松与客服人员实时对话。这种即时沟通的方式不仅便于客户随时提出问题或咨询，而且使得客服人员能够及时响应并解答客户的疑问。

大型电子商务平台通常都会配备自己的即时通信工具，并免费提供给客户使用。这些工具往往与平台的交易系统紧密集成，为客户提供了从咨询到下单的一站式服务体验。表 1–6 展示了一些常见大型电子商务平台的即时通信工具，以供参考。

表 1–6　　常见大型电子商务平台的即时通信工具

电商平台名称	京东	阿里巴巴	苏宁易购	百度	网易
通信工具图标					
通信工具名称	咚咚	阿里旺旺	苏宁云信	Hi	网易云信

思考与练习

1. 电子商务中新客户和老客户的购买过程有什么不同？
2. 电商客服的工作内容有哪些？
3. 假如你是某图书网店的售前客服，你会如何与客户开展沟通交流？

学习单元 3　电商物流基础

学习目标

知识目标

1. 了解物流的概念
2. 掌握物流的分类

技能目标

1. 能比较物流的基本特征
2. 能识别物流的各功能要素

导语

在当今电子商务蓬勃发展的时代背景下，全球物流产业正迎来崭新的发展阶段。物流服务商正逐步演变为综合性的客户服务中心，为客户提供全方位、一站式的服务体验。同时，他们还扮演着加工和维修中心的角色，为客户提供高效的商品处理和专业的维修服务。此外，随着信息技术的深入应用，物流服务商还成为了信息处理中心，助力客户实现数据驱动的决策优化。在金融服务方面，物流服务商也在积极拓展，力求为客户提供更为便捷的金融解决方案。

思考：物流的发展给人们生活带来了哪些变化？

一、物流的概念

物流是指物品从供应地点向接收地点的实体流动过程，它涉及运输、储存、装卸、包装、流动加工、配送以及信息处理等多个基本功能。这个过程不仅仅是物品在物理空间上的简单移动，更是一个在时间和空间上精心组织的转移活动。值得注意的是，这里的“物品”不仅涵盖有形的商品，还包括各种无形的服务。

随着经济活动的不断演变和物流技术的持续进步，物流行业也在不断地自我调整和完善。从最初的简单运输到现在的高效配送，从单一的服务内容到多元化的物流解决方案，物流行业正在向更高层次、更广阔的领域扩展。今天的物流已经远远超越了传统的运输和仓储概念，成为连接供应链各环节、优化资源配置、提高效率的重要行业。

二、电子商务环境下的物流模式

随着互联网不断地深入人们的生活当中，越来越多的人倾向于在网上购物，网购量和网络成交额也逐年攀升。对于电子商务企业而言，选择自营物流、第三方物流还是物流联盟的模式变得愈加重要。

1. 自营物流

自营物流是指企业独立投资建设物流基础设施，如运输工具、储存仓库等，并自主管理整个物流运作过程的物流模式。这种物流模式在我国传统物流中占主导地位，尽管近年来第三方物流发展迅速，但自营物流仍是现代物流的重要组成部分。

目前，主要有两类电商企业采用自营物流模式：一是传统大型制造企业或批发企业转型的电商网站，它们利用已有的营销网络和物流配送体系开展电商业务；二是资金雄厚且业务规模较大的电商企业，为满足电商兴起初期市场对物流服务的高要求，它们投入大量资金在全国范围内建立自己的物流配送系统。

自营物流的核心是建立现代化新型物流配送中心，集成物流、商流和信息流。在构建自营物流时，电商企业广泛运用条形码技术、数据库技术、电子订货系统、电子数据交换技术等信息技术及自动化设施，以满足电商对物流配送的新要求。

相较于第三方物流，自营物流的优势在于反应快速、灵活，能更好地满足企业在物流业务上的时间和空间要求。同时，企业拥有对物流系统运作过程的控制权，可以保持供应链的协调和稳定，提高物流运作效率。

然而，自营物流也存在一些劣势。首先，建立物流系统需要一次性投入大量资金，对于资金有限的企业来说是一个负担。其次，自营物流一般只服务于企业自身，物流量较小，导致物流成本较高。此外，自营物流的运营需要专业化的物流管理能力，但目前物流人才短缺，企业内部物流管理人员的综合素质有待提高。

有些企业通过自营物流系统不仅服务于自身，还为其他企业提供物流服务，实现业务多元化。这种情况下，物流系统的性质已经发生了变化，与自营物流的原始定义有所不同。

2. 第三方物流

第三方物流是独立于供需双方的专业服务模式，专门为客户提供物流系统设计或系统运营。这种服务模式通过签订合同，将部分或全部物流任务委托给专业物流企业在一定期限内完成，因此也被称为合同物流、契约物流或外包物流。跨国企业普遍采用这种方式来管理物流，因为它允许企业将非核心业务外包，从而集中精力处理核心业务。在供应链管理中，这种做法能最大限度地提升供应链的竞争力。

在当今高度竞争和精细化分工的环境下，第三方物流展现出显著优势。首先，第三方物流使企业能够专注于核心业务，将资源和精力集中在擅长的领域，从而更有效地培育和提升核心能力。其次，第三方物流可以降低企业运营成本。这主要体现在两个方面：一是减少了对物流设备和设施的投资，加速了资金周转；二是利用第三方物流的规模、专业化和信息化优势，降低库存和成本。最后，第三方物流还能提供灵活多样的客户服务，为客户创造更多价值。

然而，与自营物流相比，第三方物流也存在一些劣势。首先，企业无法像自营物流那样直接控制物流职能，这可能导致服务质量和效率的不稳定，且过度依赖第三方物流可能使企业在供应链中处于被动地位，影响供应链的控制能力。其次，在大型节假日或特殊时期，第三方物流可能因放假或人手不足而导致服务速度减缓，影响客户满意度。

总的来说，第三方物流在为企业提供便利的同时，也存在一些挑战和风险。企业在选择是否采用第三方物流时，需要综合考虑自身需求和条件，权衡利弊后做出决策。

3. 物流联盟

物流联盟是处于独立企业与市场交易之间的一种组织形态，它代表了企业间因各自发展需求而形成的长期、稳定的契约关系。这种联盟以物流合作为基础，汇聚了两个或多个企业，通过签订各类协议与契约，实现优势互补、风险与利益共享。在现代物流领域，构建物流联盟已成为企业物流战略的关键决策。尤其在我国，物流行业尚处于初级阶段，因此建立联盟显得尤为重要。

企业间的物流联盟可以通过多种方式组建。首先是纵向一体化物流联盟，上下游企业通过合作，从原材料采购到商品销售，实现全流程的一体化合作。其次是横向一体化物流联盟，由处于相同位置的多家物流企业联合形成，以弥补当前物流市场的分割现状。再者是混合模式物流联盟，它以一个核心物流企业为中心，联合多家平行位置及上下游的中小物流企业，共同构建集约化物流伙伴关系。此外，还有以项目为管理模式的物流联盟（各物流企业围绕特定项目展开合作）和基于站点的动态物流联盟（适应市场经济下的激烈竞争，构建一个灵活应对市场变化的网络结构）。

物流联盟可以降低物流合作伙伴之间的交易费用，通过长期合作减少冲突与不确定性；有助于企业寻找合适的合作伙伴，保持联盟的稳定性，并通过协商减少交易费用，最大化共同利益；还能激励双方扩大共同利润，通过持续合作相互学习，提升各自的优势。

然而，物流联盟也存在劣势，如人员储备不足，特别是缺乏专业管理人才；制度不规范，缺乏系统性和规范性的管理制度；物流资源利用不充分，可能影响存货的经济采购量、仓储成本等。这些劣势需要物流联盟在运营过程中不断识别并改进。

三、电子商务背景下的物流发展趋势

在电子商务的背景下，物流业的发展趋势正在经历一些显著的变化。主要的发展趋势如下。

1. 移动物流应用程序的普及

随着移动设备的普及和移动互联网的发展，物流企业正在开发并推广移动物流应用程序。这些应用程序使客户能够方便地跟踪他们的包裹，并获得实时的送货信息。

2. 无人配送

无人配送（如无人机配送和无人车配送）正在逐渐取代传统的配送方式。这种技术可以在无法进行人工配送的地区或者在高峰时段提供服务，提高配送效率。

3. 智能化和自动化

物流企业正在利用人工智能和自动化技术提高效率和准确性。例如，人工智能可以用于预测需求和优化库存管理，而自动化技术可以用于仓库管理和配送。

4. 物联网的应用

物联网技术可以使物流设备相互连接，提高效率和准确性。例如，智能标签可以用于跟踪货物，而智能传感器可以用于监控仓库的温度和湿度。

5. 可持续性

随着客户对环境问题的关注度提高，物流企业正在努力实现可持续性。这可能包括使用更环保的包装材料，减少能源消耗，以及使用更高效的配送方式等。

6. 社交媒体的影响力

社交媒体已经成为客户获取信息和交流的重要平台。物流企业可以通过社交媒体提供客户服务，推广新的服务，以及获取客户的反馈。

思考与练习

1. 我国目前物流发展中还存在哪些问题？
2. 未来电子商务物流的发展趋势如何？

学习单元 4　跨境电商基础

学习目标

知识目标

1. 了解跨境电商的含义
2. 掌握跨境电商的分类

技能目标

1. 能选择合适的跨境电商物流企业进行跨境投递
2. 能使用合适的跨境电商支付手段

导语

自 1997 年以来，我国的跨境电商开始崭露头角，诸如中国制造网、阿里巴巴（国际站）等跨境电商平台应运而生。在早期，这些平台主要通过“线上展示，线下交易”的方式，为外贸企业提供商品展示和信息交流等基础服务。而现在，我国的跨境电商行业正在经历飞速的成长。

思考：从事跨境电商岗位，需要具备什么岗位知识与技能？

一、跨境电商的含义

跨境电商即跨境电子商务，指的是不同关境的交易主体利用网络平台，将传统外贸中的展示、洽谈、成交等环节数字化，并通过跨境物流完成商品运送与交易的国际商业行为。跨境电商有广义与狭义之分。

广义上的跨境电商更接近于外贸电商的概念，体现了电子商务在进出口贸易中的全面应用，是传统国际贸易流程的电子化、数字化升级。这不仅包括货物的电子交易、在线数据传输，还涵盖电子资金划拨、电子货运单证等诸多方面。因此，在国际贸易环节中，任何涉及电子商务应用的活动，均可纳入这一广义的统计范畴。

在狭义层面上，跨境电商与跨境零售几近同义。它描述的是不同关境的交易双方通过网络达成交易、完成支付，并利用快件、小包等邮寄方式，经跨境物流将商品直接送至客户的过程。

二、跨境电商的分类

1. 按照交易主体分类

（1）B2B 跨境电商

从广义上讲，B2B 跨境电商指的是通过互联网实现企业间的跨境贸易，可以说是“互联网 +”与传统国际贸易的有机结合。而从狭义的角度，它特指基于电子商务信息平台或交易平台进行的企业间跨境交易。人们通常所说的跨境电商 B2B，多指这种狭义的定义，如敦煌网、中国制造网、阿里巴巴（国际站）等，都是典型的 B2B 跨境电商平台。

（2）B2C 跨境电商

这类电商主要是企业直接向个人客户销售商品和服务的网上零售活动。典型的 B2C 跨境电商平台包括全球速卖通、兰亭集势等，它们直接向全球客户提供多样化的商品选择。

（3）C2C 跨境电商

这是一种由从事外贸活动的个人向国外的个人客户进行的网络零售商业活动。eBay 等就是 C2C 跨境电商平台的代表，它们为个人卖家和买家提供了一个国际交易的市场。

2. 按照服务类型分类

（1）基于信息服务平台的跨境电商

这类电商主要为境内外会员商户搭建网络营销平台，高效传递供应商或采购商的商品与服务信息，从而促进双方顺利完成交易。

（2）基于在线交易平台的跨境电商

这类电商不仅全面展示企业的商品、服务等多维度信息，而且支持客户在线完成搜索、咨询、对比、下单、支付、物流和评价等全流程购物环节。目前，在线交易平台模式正逐渐成为跨境电商领域的主流。

（3）基于外贸综合服务平台的跨境电商

这类电商提供全方位的外贸支持服务，包括单证处理、物流协助、融资服务、退税办理等，涵盖外贸流程的各个环节。从出货到收款，平台能为客户提供近乎一体化的服务体验。

3. 按照平台运营方式分类

（1）第三方开放平台模式的跨境电商

第三方开放平台模式的跨境电商也被称为电商销售平台，为外贸企业提供了一个用于商品展示和交易的空间。在这类电商中，卖家主要由国内外的外贸企业组成，而买家则遍布海内外。第三方平台作为中介，为参与交易的外贸企业提供信息流、资金流及物流服务，但它们并不直接介入物流、支付等核心交易环节。这类电商的盈利方式主要是在交易价格上加收一定比例的佣金。全球速卖通、亚马逊和阿里巴巴国际站等就是这类电商的典型代表。

（2）自营型平台模式的跨境电商

自营型平台模式的跨境电商由自营型外贸企业在线上建立并运营。这类电商会主动整合供应商资源，以较低的成本采购各类商品，并设定较高的销售价格。为了提升效率，这类电商会建立自己的仓储和物流系统，确保商品能够通过海外仓或保税仓快速、准确地送达客户手中。它们的盈利模式主要依赖商品的买卖差价。兰亭集势、米兰网和大龙网等就是这类电商的典型代表。

三、跨境电商物流与电子支付

1. 跨境电商物流

（1）跨境电商物流的定义

跨境电商物流是指在电子商务环境下，依靠互联网、大数据、信息化与计算机等先进技术，物品从跨境电商企业流向客户的跨越不同国家或地区的物流活动。

（2）跨境电商物流的模式

1）邮政包裹模式。邮政网络几乎覆盖了全球，这得益于万国邮政联盟和卡哈拉邮政组织。万国邮政联盟是联合国关于国际邮政事务的专门机构，通过公约法规来改善国际邮政业务，并推动国际合作。由于会员国邮政系统发展不平衡，2002 年，邮政系统较发达的几个国家和地区成立了卡哈拉邮政组织，要求成员国投递时限达到 98% 的质量标准，否则需赔付客户货物价格的 100%。例如，从中国发往美国的邮政包裹，通常 15 天内可到达。据统计，中国出口跨境电商 70% 的包裹通过邮政系统投递，其中中国邮政占比约 50%。

2）国际快递模式。国际快递模式主要由四大商业快递巨头提供。这些企业通过全球网络、强大的计算机系统和本地化服务，为海外客户提供优质物流体验。但优质服务伴随高价格，因此卖家通常只在客户时效性要求强时才使用。

3）国内快递模式。国内快递主要包括顺丰和“三通一达”。在跨境物流方面，“四通一达”中的申通、圆通布局较早，但近期才开始发力。顺丰的国际化业务相对成熟，已开通多个国家的快递服务。EMS 的国际化业务最完善，可直达全球 60 多个国家，费用较低且出关能力强。

4）专线物流模式。专线物流通过航空包舱方式运输到国外，再通过合作企业进行派送。其优势在于能集中大批量货物，降低成本，价格通常比商业快递低。在时效上稍慢于商业快递，但远快于邮政包裹。

5）海外仓储模式。海外仓储为卖家提供货物仓储、分拣、包装和派送的一站式服务，包括头程运输、仓储管理和本地配送三个部分。这种模式为卖家提供了更高效的物流解决方案。

2. 跨境电子支付

（1）跨境电子支付的定义

跨境电子支付是两个或更多国家或地区之间，因国际贸易、国际投资等活动而产生的债权债务关系。这种支付行为通过特定的结算工具和支付系统，实现资金的跨国或跨地区转移。除此之外，跨境电子支付也被称为跨境互联网支付，是指为不同国家的交易双方提供基于互联网的在线支付解决方案。

（2）跨境电子支付的常见方式

1）信用卡收款。跨境电商网站可以与国际信用卡组织合作，或者直接与海外银行携手，开通接收海外银行信用卡的支付接口，主要服务于从事跨境电商零售的平台以及独立的 B2C 业务。

2）PayPal 支付。PayPal 是一款备受全球客户青睐的国际贸易支付工具，与支付宝功能相似，享有较高的国际知名度。它支持使用电子邮件标识身份的客户间进行资金转移，实现即时支付与到账，同时支持通过中国的本地银行轻松提现，从而有效解决外贸收款的难题。尤其适用于跨境电商零售行业，对于几十到几百美元的小额交易更为经济划算。

3）ClickandBuy 支付。ClickandBuy 作为一家独立的第三方支付企业，其工作流程是在收到汇款确认后的 3～4 个工作日内，将资金转入客户账户。若客户选择通过 ClickandBuy 汇款，同样可以通过此渠道提款。

4）空中云汇。空中云汇致力于推动全球跨境支付的一体化，业务范围涵盖跨境交易中的收款、付款以及多种货币兑换。空中云汇发展迅速，其商品已广泛应用于跨境电商、跨境物流、在线教育、留学缴费等多个领域。空中云汇可以让中小企业享受到更快捷、性价比更高的支付体验，同时也助力如京东等拥有跨境业务的平台为商家提供更优质的服务。

思考与练习

1. 跨境电商有哪些分类？
2. 选择跨境电商物流企业和支付手段时，应考虑哪些因素？

学习单元 5　电子商务法律法规基础

学习目标

知识目标

1. 了解我国电子商务法的基本原则
2. 熟悉电子商务交易中买卖双方应履行的义务

技能目标

1. 能归纳和总结买卖双方在电子商务交易中的义务
2. 能应用电子商务法基本原则解决实际案例

导语

为了保障电子商务活动中各方主体的合法权益，规范市场秩序，促进电子商务持续健康发展，2018 年 8 月 31 日，全国人大常委会表决通过《中华人民共和国电子商务法》（以下简称《电子商务法》），其中明确规定：对关系客户生命健康的商品或者服务，电商平台经营者对平台内经营者的资质资格未尽到审核义务，或者对客户未尽到安全保障义务，造成客户损害的，依法承担相应的责任。电商平台经营者对平台内经营者侵害客户合法权益行为未采取必要措施，或者对平台内经营者未尽到资质资格审核义务，或者对客户未尽到安全保障义务的，由市场监督管理部门责令限期改正，可以处五万元以上五十万元以下的罚款；情节严重的，责令停业整顿，并处五十万元以上二百万元以下的罚款。

思考：电子商务法在电子商务交易中的重要作用有哪些？

一、电子商务法律法规概述

电子商务是计算机与网络通信技术被广泛采用并应用于商业领域后的结果。这种新型的商业行为在互联网环境下形成独立的调整对象，孕育了《电子商务法》。《电子商务法》作为独立的部门法，有其独特的调整对象，即电子商务交易活动中发生的各种社会关系。由于电子商务活动的发展变化异常迅速，而人们对它的认识需要有个过程，并且由于认识的角度不同，电子商务存在广义与狭义之分，所以电子商务法也分为广义的电子商务法与狭义的电子商务法。

1. 广义的电子商务法

广义的电子商务法是与广义的电子商务概念相对应的，是指所有调整以数据电文方式进行的商务活动的法律规范。其内容极其丰富，至少可分为两大类，一类是调整以电子商务为交易形式的商务活动的法律规范，另一类是调整以电子信息为交易内容的商务活动的法律规范，前者如联合国国际贸易法委员会的《电子商务示范法》，后者如美国的《统一计算机信息交易法》等。

2. 狭义的电子商务法

从便于立法和研究的角度出发，可以认为电子商务法是调整以数据电文为交易手段而形成的因交易方式所引起的商事关系的规范体系。从这个角度来看，电子商务法不是试图针对所有商业领域重新建立一套新的商业运作规则，而是将重点放在探讨因交易手段和交易方式的改变而产生的特殊的商事法律问题。

二、电子商务法的基本原则

1. 中立原则

电子商务法的中立原则，归结起来就是要在电子商务活动中建立公平的交易规则，这是商法的交易安全原则在电子商务法上的必然反映。具体涉及以下几点：

（1）技术中立原则要求电子商务法对不同的认证方法，如传统的口令法、非对称性公开密钥法以及生物鉴别法等，都应保持中立态度，不得产生任何歧视性要求。同时，法律还应为未来技术的发展预留空间，以适应新技术的出现。这一原则是在总结了传统书面法律的经验教训后得出的，尽管在实施过程中可能会遇到困难，但克服这些困难的过程也是实现技术中立原则的过程。

（2）媒介中立原则与技术中立原则紧密联系，二者都具有较强的客观性。媒介中立是中立原则在各种通信媒体上的具体表现，它侧重于信息所依赖的载体。技术中立侧重于信息的控制和利用手段。电子商务法应以中立的态度对待各种媒介，允许它们根据技术和市场的发展规律相互融合、互相促进，从而实现资源的充分利用，避免行业或媒介的垄断。开放性互联网为各种媒介提供了一个理想的环境，使它们能够共同繁荣。

（3）实施中立原则要求在电子商务法与其他相关法律的实施上保持平衡，同时对待本国和跨国电子商务活动应一视同仁。特别是不能将传统书面环境下的法律规范置于电子商务法之上，而应根据具体环境的需求决定法律的实施。与技术中立和媒介中立相比，实施中立更侧重于主观性，其适用离不开当事人的遵守和司法机关的裁决。

2. 同等保护原则

此项原则是实施中立原则在电子商务交易主体层面的进一步应用。它要求电子商务法对商家与客户、国内当事人与国外当事人等，均力求实现平等保护。电子商务市场天然具有国际性特征，任何割裂或封闭的做法都将阻碍其正常发展。电子商务法所秉持的中立原则，深刻体现了商事交易的公平理念。这一原则的具体实践，将全方位地展现在当事人依托于开放、兼容、国际化的网络与协议所进行的商事活动之中。

3. 自治原则

允许当事人通过协议方式制定交易期间的规则，这是交易法的一项基本特性。因此，在电子商务法的立法和司法实践中，应以自治原则为指引，为当事人充分表达和实现自己的意愿提供足够的空间和坚实的保障。

4. 安全原则

保障电子商务的安全顺利进行，不仅是电子商务法的核心职责，也是其基础原则之一。电子商务凭借其高效和便捷的特点，在众多商业交易模式中独树一帜，展现了强大的生命力和发展潜力。然而，这种高效、便捷的交易方式必须建立在安全的基础之上。为了实现这一点，不仅需要技术层面的安全保障措施，更需要法律层面的安全规范和保障。

例如，电子商务法通过确认并加强电子签名的安全标准，规定认证机构的资质和职责等具体制度，旨在为电子商务活动营造一个相对安全的环境。这样的环境至少应与传统纸面交易环境具有同等的安全水平。从承认数据电文的法律效力，到消除电子商务运营方式在法律上的不确定性，再到根据电子商务活动中现代电子技术应用的成熟经验制定符合其特性的操作性规范，电子商务法的各个方面都贯穿了安全的原则和理念。

在电子商务运营过程中，电子商务经营者的权利和义务也是重要的法律内容。他们必须遵守相关法律法规，履行相应的安全保障职责，同时他们的合法权益也必须得到保护，确保电子商务活动的安全和有序进行。

5. 证据平等原则

电子签名与文件在法律上应与传统的书面签名和文件享有同等地位。在电子商务领域，电子文件（如合同、单据等）的形式虽与传统纸质文件有显著差异，但其实质为电子信息，这已超越了传统法律对文件的定义。在电子商务流程中，传统的贸易合同、提单、保险单和发票等书面文件已被计算机中的电子文件所替代，这些电子文件被视为电子证据。为确保电子证据与传统书面证据具有相同的法律效力，各国法律正逐步纳入有关电子证据的规定，并通过法律和技术手段赋予其相应的法律地位。

6. 保护客户正当权益原则

随着市场经济的深入发展，经营者在市场中的地位逐渐提升，而消费者的合法权益保护却面临挑战。众多网上购物的消费者在与商家的纠纷中，难以找到有效的法律依据保护自身权益，这对法律的发展提出了新的挑战。因此，电子商务法不仅应制定适当的条款保护消费者权益，还应协调国际规则，确保消费者能清晰了解贸易操作流程及相关的消费者权益保护法律。

三、电子商务的交易与保障

1. 电子商务交易的当事人

电子商务交易不同于传统的交易形式，既是一种合同行为，同时也是发生在当事人之间的一种法律关系行为。电子交易的当事人（即电子交易关系的主体）是在互联网上直接制定合同的行为人。

电子商务交易虽然是交易主体在互联网环境下进行的交易，但其主导操作者仍然是现实主体，其中有些依然是现实社会中存在的法人、自然人和其他组织。

（1）企业与法人

电子商务经营主体是现代社会中新型的市场主体。现行的民事主体法律规范仍然对电子商务经营主体有着基础性的规范作用。

1）企业。在内容上，企业与法人的关系密切，但是两者内涵不同。法人在本质上是国家根据自身的需要，向符合其规定条件的社会组织赋予的民事主体资格。取得民事主体资格的社会组织可以以自己的名义参与民事活动，以独立的财产承担独立的责任。企业是以营利为目的、自负盈亏的市场主体，也是社会组织的一种，但只有符合法人成立条件的企业才能取得法人的资格。因此，并不是所有的企业都具有法人资格，也不是所有的法人都是从事营利活动的企业。

根据我国《企业法人登记条例施行细则》的有关规定，具备企业法人条件的全民所有制企业、集体所有制企业、私营企业、联营企业、在中国境内设立的外商投资企业和其他企业，应当根据国家的有关规定，按照所属行业申请企业法人登记；具备企业法人条件的，实行企业化经营；国家不再核拨经费的事业单位和从事经营活动的科技性社会团体，也应申请企业法人登记；不具备企业法人条件的企业和经营单位，以及外商投资企业设立的办事机构，应当申请营业登记。

2）法人。法人是与公民对称的另一类民事主体。《中华人民共和国民法典》（以下简称《民法典》）第五十七条规定，法人是具有民事权利能力和民事行为能力，依法独立享有民事权利和承担民事义务的组织。《民法典》第五十八条规定，法人应当依法成立，并拥有自己的名称、组织机构、住所、财产或者经费。法人成立的具体条件和程序需依照法律、行政法规的规定。

（2）法人类电子商务主体

1）法人类电子商务主体的资格。随着互联网经济的发展，各种机关、企事业单位、社会团体法人实体逐渐开始利用互联网先进的技术手段开展经营活动。这是发展电子商务的必要基础。一般情况下，网络经济对法人实体从事电子商务经营活动是有开放性的。但是为了遵守网络的公共秩序以及维护个人或集体的安全，应对某些领域的电子商务主体进行资格确认。

在电子商务中，对以下几类主体的认定较为严格。一是特殊行业法人。在传统行业，我国对金融、医药、新闻、出版、教育等对社会影响比较直接的特殊行业的从业资格实行严格的审查。因为传统经济中的这些企业在网上从事交易、服务的活动如果不加以控制，会对自身及社会产生一定的危害。二是网络服务与认证机构。网络接入服务商、网络信息服务商、电子认证机构、密钥管理机构等网络服务与认证机构，其资金、技术、服务规程等有严格的规范性规定。

2）法人类电子商务主体的特征。法人类电子商务主体除了具备法人应有的特征外，还有其在网络经济中特殊的一面。

①经营场所的虚拟化。多数法人类电子商务主体以网站的形式进行 B2B、B2C 业务，从而有别于现实中的店面、场地等经营场所。在现实经济发展环境中，经营场所是企业的物质基础，也是判定法人国籍、合同履行地、司法管辖地的重要依据，而经营场所的虚拟化则给相关法律的适用性带来了新的挑战。

②产权的数字化。法人类电子商务主体的收益更多体现为各种数字化的产权，即以数字化产权作为产权界定的对象。

③管理的数字化。法人类电子商务主体对企业的信息化提出了较高的要求。企业的内部管理以及对外业务主要通过互联网进行，企业中各单元的联系更加紧密和直接。

（3）合伙

合伙是不同于企业的另一种社会组织，不具有法人资格。根据《民法典》和其他相关法律条文，个人合伙是指两个以上公民按照协议，各自提供资金、实物、技术等，合伙经营，共同劳动。单位合伙是指企业之间、企业与事业单位之间为了共同的经济目的，通过订立合伙协议而组成的联合体。

（4）自然人电子商务主体

电子商务给经济领域带来了巨大变革，最为显著的一点就是在网络这个虚拟的环境中，各类主体都具有形式上平等的特点，只要其提供的商品或服务具有相对的环境竞争优势，就可以加入其他企业的供应链中，而不管其是大型的法人企业还是小型的自然人企业。自然人企业在现实经济中的弱势是明显的，而在网络经济中却有大显身手的机会，这无疑促进了社会经济的发展。

在传统经济中，我国对自然人企业管理的重要依据是《中华人民共和国个人独资企业法》，而对于从事经营的自然人主要按个体工商户和农村承包经营户进行管理。在电子商务领域中，对从事提供信息服务和电子商务活动的经营者，主要是依据《中华人民共和国电信条例》《互联网信息服务管理办法》以及各地方政府制定的规范性文件进行登记和备案。

2. 电子商务交易中当事人的义务

（1）卖方义务

1）合同中规定标的物单据。在交易发生时要提供标的物的单据，以此界定交易中物品交付的时间和地点，这是卖方的一项重要义务。如果买卖双方未对交易中的时间、地点达成一致，要按照国内相关法律以及国际相关规定处理。

2）合同中的担保义务与标的物权利。在电子商务交易中，卖方依然是货物所有权、经营权转移的主体责任人，卖方所承担的义务包括对其所售的标的物享有合法的权利、保障上述权利不被第三方追索、保障买方其他各项合法权益。在交易发生后，如果出现第三方向买方追索标的物所有权，卖方有义务为买方提供无权追索证明，必要时参与司法诉讼并出庭作证。

3）标的物质量担保义务。卖方要保障标的物符合国家法律规定的质量标准，或者遵循双方在交易谈判过程中达成的质量标准，标的物的质量不能存在瑕疵，同时不能出现与宣传广告中不符的质量问题。如果出现质量问题，卖方有义务在货物交付前向买方提交质量说明。买方在得到卖方质量情况说明的前提下进行的交易行为，卖方对商品的质量问题不负有责任。

（2）买方义务

1）买方在交易中有按照电子交易平台规定支付方式付款的义务。电子商务相对于传统交易有特殊的属性，交易过程中很多环节优于传统交易，不受购买时间、交易地点以及货物配送方式的限制，特别是支付方式差异较大。电子交易的支付方式通常是信用卡、电子钱包等。电子交易合同中要明确支付的方式。

2）买方应按照合同规定的时间、地点和方式接收标的物。电子商务交易的物流配送流程有别于传统交易，所以在接收标的物环节，买方义务有别于传统交易，应按照合同规定的时间、地点、方式接收标的物。合同中规定买方自提标的物的，买方要按照卖方通知的时间、地点及时自提。若标的物为第三方托运，买方应按照承运人通知的时限提取。若标的物为卖方配送，买方在与卖方沟通后，应做好接收准备，按时接收，没有按照约定的时间接收的，相关责任由买方承担。

3）买方应对标的物质量进行检验。买方有在接收标的物后对标的物进行质量检验的义务，如果发现质量问题，应立即通知卖方，质量问题由卖方负责。如果买方不及时进行质量检验，在交易完成很长时间后才提出质量问题诉求，卖方对此不负责任。如果卖方在交易过程中故意隐瞒质量问题，买方要第一时间通知卖方，通过合法途径追究卖方的责任。

3. 电子商务交易中的信用保证

电子商务交易作为一种商品买卖活动，尽管交易形式有所革新，但核心目标依然是高效完成商业活动。在这一过程中，遵循市场规范显得尤为重要。市场经济既是法治经济，也是信用经济。在电子商务交易中，由于交易主体通常无须面对面谈判，信用的重要性就更加凸显。

目前，我国调整市场交易行为的法律规范都将诚实守信作为首要原则。诚实守信是市场行为的基本准则，市场经济的公平竞争和公平交易都建立在信用的基础之上。只有这样，市场经济体制才能逐步成熟，市场交易行为才能更加规范。

当前，电子商务企业的信用体系尚不完善。企业和个人等经济主体普遍缺乏坚实的信用基础，债权保护和信用监控制度也不健全。此外，有效的信用保障机制以及信用激励和惩罚机制也有待完善。这些问题需要高度重视，并逐步提升电子商务交易的信用保障水平。

4. 电子商务交易中的客户权益保护

随着电子商务的快速发展，客户的权益保护面临一些新的问题。

（1）客户人身财产安全

电子商务的经营者应当保证所提供的商品或服务符合人身财产安全的要求。如果商品或服务可能危害人身、财产安全，应明确告知客户，并说明或标明正确使用商品或接受服务的方法，以及防止危害发生的应对方法。

（2）广告欺骗与误导

为了保证客户的合法权益不受损害，在电子商务交易中，信息发布者不能利用信息欺骗客户或以虚构的广告信息误导客户。因为对于客户而言，广告是网上购物信息的主要来源，客户通常是从感官出发，根据广告文字和图像所提供的信息挑选商品，并不是像传统交易方式那样面对面进行实物挑选。

（3）责任界定与追究

在电子商务交易过程中，一件商品需要经过诸多环节才能送达客户手中，其中包括生产者、销售者、运输者等多个主客体之间的沟通。任何一个环节出现问题，如商品质量问题、配送速度问题、商品毁坏问题等，都会产生责任难以界定与追究的情况，从而导致客户的合法权益受到损害。

5. 电子信息交易的法律责任

（1）违约责任

电子信息交易是一种存在于电子信息交付人和电子信息使用人之间的合同关系。针对在线交易信息的行为，其违约责任一般因交易行为的有偿性或者无偿性而有所不同，这在有偿支付电子信息的情况下显得尤为重要。承担违约责任的方式主要有请求退货退款、解除合同、赔偿损失、减少支付价款、继续支付符合约定的电子信息商品、撤销认证等。

（2）侵权责任

电子信息交易协议中应明确电子控制权及其相关限制条件。如果在事先没有法律依据或合同约定的情况下，许可方对他人的电子信息使用实施干预，则是一种违法行为，对他人使用该信息进行限制不仅可能致使当事人订立合同的目的不能实现，承担违约责任，而且可能承担由此行为产生的侵权责任。同理，被许可方如果在协议中接受许可方电子控制权下的使用限制，则不应突破该限制，否则即构成违约，同时也构成对许可方的侵权。上述行为在性质上属于侵权和违约的竞合。

思考与练习

1. 简述我国电子商务法的基本原则。
2. 在电子商务交易中，买方有哪些基本义务？
3. 简要分析买方义务和卖方义务对于保障电子商务交易安全和公平的重要性。

项目二　电子商务交易模式

学习单元 1　传统电子商务模式

学习目标

知识目标

1. 了解各电子商务模式的特点
2. 掌握各电子商务模式的运营方式

技能目标

1. 能分辨各网站所属的电子商务模式
2. 能运用各模式特点对不同网店的运营提出建议

导语

随着电子商务在世界范围内得到迅速发展，多种电子商务模式相继出现。电子商务按交易对象不同，可分为企业对企业的电子商务模式（B2B）、企业对客户的电子商务模式（B2C）、客户对客户的电子商务模式（C2C）、企业对政府的电子商务模式（B2G）、面对企业内部的电子商务模式（B2E）、政府对客户的电子商务模式（G2C）、政府对政府的电子商务模式（G2G）等。近几年，线上对线下电子商务模式（O2O）兴起，能够更好地利用本地资源开展电子商务。

思考：电子商务模式的演变过程是什么？

一、B2B 电子商务模式

B2B 电子商务模式是指企业间利用互联网或专用网络等现代信息技术进行商务交易的模式。当前，企业是电子商务的主要推动者，因为它们认识到通过引入电子商务可以显著提升交易效率和收益，进而构建自身的竞争优势。在电子商务的多种模式中，B2B 电子商务模式具有最悠久的历史，发展也最为完善。

1. B2B 电子商务模式的功能

（1）供货管理

在电子商务的助力下，企业能够显著降低订单处理的相关费用，缩短交易的整体时间，并减少对人力资源的占用。同时，电子商务还强化了企业与供应商之间的协同与合作关系，这种优化可以概括为供应链的加速与收缩，有效提升了供货管理的效率和响应速度。

（2）库存管理

通过电子商务，企业能够大幅缩减从订单发出到货物装运的时间周期，这使得企业能够保持更为合理的库存水平，甚至实现零库存的理想状态。这种改进不仅加速了存货的周转，还有效消除了存货不足或存货积压的问题，显著提升了库存管理的效能。

（3）安全管理

在电子商务环境中，企业的每一笔交易单证都经过了加密处理，并附带了电子签名，这些单证还由专业的中介机构记录和存档。这一系列的安全措施确保了交易过程的安全性和可靠性。

（4）运输管理

电子商务的引入使得运输过程中所需的各种单证能够迅速且准确地传达给交易的各方。由于这些单证都是标准化的，信息的准确性得到了有力保障，从而极大地提升了运输管理的效率和精确性。

（5）信息传递与交易文档管理

在电子商务的环境下，信息能够以更迅速、更大量、更准确、更经济的方式流动，并且这些信息流动过程是可以被有效监视和追踪的，这极大地优化了信息传递和交易文档管理的流程。

以流通企业为例，流通企业的业务不涉及生产环节，电子商务几乎覆盖了其全部的经营管理活动，是利用电子商务最为迅速和广泛的一类企业。通过电子商务的应用，这些企业能够更及时、准确地获取客户信息，从而实现精准订货、降低库存，并通过网络平台促进销售。这些改进不仅提高了企业的运营效率，还显著降低了成本，为企业带来了更大的利润空间。

2. B2B 电子商务模式的优势

企业间电子商务的实施可以降低企业成本，同时扩大企业收入来源。

（1）降低采购成本

企业通过与供应商建立企业间电子商务，实现网上自动采购，可以减少双方为交易投入的人力、物力和财力。另外，采购方企业可以通过整合企业内部的采购体系，统一向供应商采购，实现批量采购并获取折扣。

（2）降低库存成本

企业可通过与上游供应商和下游企业建立企业间电子商务系统，以销定产，以产定供，实现物流的高效运转和统一，最大限度地控制库存。

（3）节省周转时间

企业可以通过与供应商和客户建立统一的电子商务系统，实现直接沟通和交易，减少周转环节。

（4）扩大市场机会

企业通过与潜在的客户建立网上商务关系，可以覆盖原来难以通过传统渠道覆盖的市场，增加企业的市场机会。

（5）全天无间断运作

传统的交易受到时间和空间的限制，而基于互联网的电子商务则是无间断运作，网上的业务可以开展到传统营销人员和广告促销达不到的市场范围。

3. B2B 电子商务的运营模式

（1）面向制造业或商业的垂直 B2B 模式

该模式细分为上游和下游两个方向。在上游方向，生产商或零售商与供应商建立供货关系，形成紧密的产业链合作，如计算机企业与上游芯片和主板制造商的协同工作。

（2）面向中间交易市场的 B2B 模式

该模式即水平 B2B 模式，它集中了各行业中相似的交易环节，为企业提供一个统一的交易平台。阿里巴巴、中国商品网、环球资源网等就是这种模式的典型代表，它们为企业采购方和供应方创造了交易机会。

（3）自建 B2B 平台模式

该模式通常由行业领军企业或大型龙头企业基于自身深厚的信息化基础构建。该模式以企业自身的商品供应链为核心，通过平台串联整个行业，实现供应链上下游企业的咨询、沟通和交易。但这类模式相对封闭，产业链深度整合有所欠缺。例如，大型服装制造商、药企或五金制品厂等可以通过自建 B2B 平台模式将自己的供应商、采购商和经销商紧密联系起来，进而稳定货源、销售和客户关系。

（4）关联行业 B2B 模式

关联行业 B2B 模式旨在通过整合几个相关联行业的资源和信息，提升电子商务平台的广泛性和关联性。该模式融合了几种模式的特点，既满足了人群共性的需求，又提供了跨行业的商品信息和资讯。尽管目前该模式仍在发展阶段，但其潜力和前景不容忽视。

4. B2B 电子商务平台的盈利模式

（1）会员费

企业欲通过第三方电子商务平台参与电子商务交易，必须先注册成为 B2B 电子商务平台的会员，并每年缴纳一定的费用。这样，企业才能享受到网站所提供的各类服务。

（2）广告费

与门户网站相似，网络广告也是 B2B 电子商务平台的一项重要收入来源。商家可以在平台上投放广告，增加品牌的曝光和销售机会。

（3）竞价排名

为了提高商品的市场竞争力，企业往往希望在 B2B 电子商务平台的搜索结果中获得更靠前的排名。平台在确保企业所提供信息准确性的基础上，会根据会员支付费用多少调整其搜索排名。

（4）增值服务

除了基础的供求信息发布服务，B2B 电子商务平台还提供如企业认证、独立域名注册、行业数据分析报告及搜索引擎优化等一系列增值服务，满足企业的多样化需求。

（5）线下服务

线下服务包括组织各种展会、研讨会等活动，以及出版发行行业期刊等。这些线下活动为企业提供了面对面交流的机会，同时也为平台创造了额外的收入来源。

（6）商务合作

B2B 电子商务平台还通过与广告联盟、政府机构、行业协会以及传统媒体的合作，拓展业务领域、增强影响力。这些合作不仅能够为平台带来更多的客户，而且也是其盈利的重要渠道之一。

二、B2C 电子商务模式

B2C 电子商务模式是指企业直接面对客户销售商品和服务的模式。这种模式的电子商务一般以网络零售为主，主要借助于互联网开展在线销售活动，客户可以通过互联网进行网上购物、网上支付。

知识窗

京东商城是目前中国 B2C 市场最大的网购专业平台，先后组建了上海及广州全资子企业，将华北、华东和华南三点连成一线，使全国大部分地区都覆盖在其物流配送网络之下。同时，京东商城不断加强和充实企业的技术实力，改进并完善售后服务、物流配送及市场推广等各方面的软、硬件设施和服务条件。

1. B2C 电子商务的运营模式

（1）综合型 B2C 模式

综合型 B2C 模式的企业通常会利用其品牌影响力，探寻盈利增长点，并专注于核心业务的发展。这类企业会借助品牌信誉和国际化优势，开展如国际品牌代购或国际品牌商品采购销售等创新业务。在网站建设方面，它们注重商品展示的精细化管理和信息系统的智能化优化，以提升客户体验和运营效率。同时，这些企业也重视客户关系管理，通过提供人性化的直观服务（如购物流程优化、个性化商品推荐和高效客户服务响应）打磨客户体验。此外，选择优质的物流合作伙伴以增强对物流环节的控制力，确保物流配送服务的质量和效率，也是这类企业提升客户满意度和品牌影响力的重要手段。

（2）垂直型 B2C 模式

垂直型 B2C 模式的企业专注于某一核心领域，不断发掘新的市场亮点和商机。它们积极与知名品牌生产商建立有效沟通和合作，促进资源共享和优势互补。为解决与线下渠道商的利益矛盾，这类企业会采取协商和策略调整的方式平衡各方利益。为提升市场竞争力，垂直型 B2C 模式的企业会扩大产品线和产品系列以满足多样化需求，并完善售前咨询和售后服务体系，提供便捷高效的客户支持。同时，提供多种支付方式以满足不同客户的支付习惯和需求也是其重要特点。

（3）传统生产企业网络直销型 B2C 模式

传统生产企业转型为网络直销型 B2C 模式时，会从战略管理的高度确立该模式的定位、发展方向及目标。在转型过程中，它们会协调原有线下销售渠道与新兴网络平台之间的利益关系，确保和谐共存和互相促进。为实现销售渠道差异化，企业可能采取线上全系列商品销售、线下专注地区特色商品销售的策略，并实施差异化定价。在售后服务方面，线上商品可利用线下资源提供更完善的服务，以提升客户满意度。此外，这类企业在商品设计阶段就深入考虑客户需求和感受，确保精准满足市场需求，并大力引进和培养网络营销专业人才，完善电子商务平台的功能和服务。

（4）第三方交易平台型 B2C 模式

对于资源有限的中小企业而言，借助具有较高知名度、点击率和用户流量的第三方平台进行网络销售是一种有效的市场拓展策略。这种模式充分利用实体店资源、仓储系统、供应链体系和物流配送体系支持企业发展，有助于拓宽销售渠道并降低市场进入门槛和运营成本，实现线上线下融合并提升整体竞争力。

2. B2C 电子商务模式面临的困难

相较于 B2B 电子商务模式，B2C 电子商务模式对于社会基础设施的要求更为严格。尽管 B2C 电子商务模式能够降低实体店面的运营成本，但它同时需要承担在线商店所必需的硬件投入，以及为吸引客户关注而产生的广告费用。此外，虽然 B2C 电子商务模式能够降低库存成本，但它也增加了从商品起点到客户手中的物流配送成本。

因此，B2C 电子商务模式要想取得成功，关键在于实现“互联网规模经济”。这意味着需要吸引足够数量的网上购物客户，并促成足够大的网上交易额。只有当网上交易达到一定的规模时，B2C 电子商务模式在节约店面成本、降低库存成本和减少人员开支方面的优势才能得以充分体现。

三、C2C 电子商务模式

C2C 电子商务模式是伴随着互联网的普及而发展起来的一种商务模式，通常以拍卖、竞价的方式进行商务活动。卖方可以将所要出售物品的介绍、定价等信息在相应的交易平台上发布，买卖双方通过网络讨价还价、买卖商品。交易平台充当第三方的角色，起着监督双方买卖、保证交易公平的作用。

淘宝网是中国深受欢迎的 C2C 网络零售平台，拥有近 5 亿注册用户，每天有超过 6 000 万的固定访客，同时每天的在线商品数已经超过了 8 亿件，平均每分钟售出 4.8 万件商品。随着规模的扩大和客户数量的增加，淘宝网也从单一的 C2C 网络零售平台发展成为包括 C2C、分销、拍卖、直供、众筹、定制等多种电子商务模式在内的综合性零售商圈。

1. C2C 电子商务的运营模式

（1）拍卖平台运营模式

此种模式由 C2C 电子商务企业搭建拍卖平台，供买卖双方进行交易，并按一定比例从交易中收取费用。网上拍卖是依赖于互联网通信技术，由网络服务提供商为商品或权益所有者提供的技术平台。在此平台上，商品或权益所有者可以独立进行以竞价、议价为主的在线交易。虽然网上拍卖遵循了传统拍卖的基本规则，但在运作成本、拍卖周期、拍品展示、拍卖过程监控以及支付方式等方面，都存在显著差异。

（2）店铺平台运营模式

在此模式下，电子商务企业为个人提供开设店铺的平台，并通过会员制、广告或其他服务进行收费。个人入驻网上商城并开设网店，可以充分利用网上商城提供的基础功能和服务。由于网店的主要客户是访问该网上商城的用户，因此选择一个合适的平台至关重要。然而，客户在选择网上商城时可能会面临一定的决策风险，尤其是初次在网上开店时，由于缺乏经验和对网上商城的了解，他们的选择可能带有一定的盲目性。此外，一些网上商城缺乏清晰的招商说明和明确的收费标准，只能通过电话咨询获取相关信息，这也增加了客户选择网上商城的难度。

2. C2C 电子商务平台的盈利模式

（1）会员费

会员费即会员制服务的收费项目。由于会员制服务能够提供多样化的服务组合，有效满足会员的个性化需求，因此其收费模式相对稳定。当服务期限结束后，客户应进行续费操作，以便继续享受下一年的服务。

（2）交易提成

交易提成构成了 C2C 电子商务平台的主要盈利来源。C2C 电子商务平台作为一个交易平台，类似于现实生活中的交易所或大卖场，为买卖双方提供交易机会，并从中按比例提取交易提成，这体现了其市场性质。

（3）广告费

企业通常会在网站上设置广告位，根据网站的流量和客户群体的精准度定价，并通过多种方式向客户销售。对于拥有高访问量和客户黏性的 C2C 电子商务平台而言，广告业务具有巨大的潜力。然而，出于对客户体验的考虑，这些电子商务平台往往不会完全开放广告业务，而是选择性地、不定期地开放部分广告位。

（4）搜索排名竞价

在搜索引擎中，商品的排名位置至关重要。客户可以针对特定关键词提出自己认为合适的价格，以在特定时间内获得与该价格相匹配的搜索排名。这种竞价模式的有效性取决于卖家是否认为竞价能够为其带来足够的收益。

（5）支付环节收费

支付问题一直是电子商务发展的主要障碍之一。阿里巴巴推出的支付宝服务在一定程度上推动了在线支付业务的发展。在此模式下，买家可以先将预付款通过网上银行转入支付企业的账户，在收到卖家发出的货物后，买家再通知支付企业将货款转给卖家。这种方式既保障了买家的权益，也确保了卖家能够收到货款。支付企业则按照成交金额的一定比例收取手续费。

四、B2G 电子商务模式

B2G 电子商务全面覆盖了政府与企业之间的各类交互事务，包括但不限于政府采购、税收征管、商品检验、管理条例的发布，以及法规政策的颁布等。在此模式下，政府可以利用互联网公布采购需求，从而实现公开、透明、高效和廉洁的采购流程。同时，政府还能通过网络及电子商务手段，更加充分和及时地发挥其对企业进行宏观调控、指导规范以及监督管理的职能。

五、B2E 电子商务模式

为提高企业内部资源的整合效率、激发员工的工作潜能并增强企业竞争力，部分企业采取了 B2E 电子商务模式，即面向企业内部的电子商务活动。企业内部网络作为一种高效的商务工具，能够自动化处理商务操作与工作任务，提升对核心系统和关键数据的访问效率，实现信息共享，协同解决客户问题，并加强组织内部的沟通与联系。

六、G2C 电子商务模式

G2C 电子商务模式的核心实施方式是政府上网，也就是将政府职能服务移至网络平台，构建一个虚拟的政府服务环境，在互联网上执行政府职能。政府上网后，可在线公开政府部门的名称、职能以及组织架构，提升政府工作的透明度，为公众提供更加便捷的政府服务接入方式，同时也为公众提供了对政府工作进行民主监督的渠道，进而提高公众的参政议政意识。此外，由于互联网的跨国界特性，政府上网还能促进各国政府之间的相互了解与交流，顺应全球经济贸易一体化的趋势。

七、G2G 电子商务模式

G2G 电子商务模式致力于实现政府内部管理工作的计算机化和通信的网络化，通过与各部门、各行业的计算机网络相互连接，实现在线处理各类审批流程，旨在提升工作效率，降低行政成本，减轻社会负担。

八、O2O 电子商务模式

O2O 电子商务模式创新性地将线下商业机会与互联网相融合，使互联网成为线下交易的重要门户。在此模式下，线下服务提供者可以通过线上平台吸引客户，而客户则可以利用线上平台筛选服务，并在线上完成交易，从而迅速积累有价值的资源。

思考与练习

1. 我国目前电子商务发展中还存在哪些问题?
2. 浏览一个电商网站，分析其电子商务模式。

学习单元 2　新兴电子商务模式

学习目标

知识目标

1. 了解新兴电子商务模式的定义与分类
2. 掌握新兴电子商务模式的特点与发展趋势

技能目标

1. 能比较新兴电子商务模式与传统电子商务模式的异同
2. 能分析新兴电子商务模式对传统商业模式的影响
3. 能阐述新兴电子商务模式的创新与实践

导语

电子商务模式不断创新，为客户带来全新的购物体验。新兴电子商务模式以“互联网 + 实体店”为基础，融合了线上与线下优势，结合互联网技术，为客户提供更高效、更个性化的购物体验。这种模式将传统实体店与电子商务相融合，打破了传统电商的局限性，为商家带来了更多商业机会。

思考：新兴电子商务模式带来了哪些变革？未来还会有哪些发展？

一、新兴电子商务模式的定义与分类

1. 新兴电子商务模式的定义

新兴电子商务模式是指在网络环境和大数据环境中，基于一定技术基础的新的商务运作方式和盈利模式。通过充分利用现代互联网技术，新兴电子商务模式以更高效、更便捷、更灵活的特点，显著地革新了传统电子商务模式的运营机制和商业理念。

知识窗

2023 年“双十一”活动，京东以“互联网 + 实体店”的新兴模式给老百姓带来更多的实惠。“京东采销直播间”开播，京东数千名采销人员努力为客户寻找物美价廉的商品。他们凭借着对商品的熟悉，用朴实、专业、热情的态度在直播间讲解，不收坑位费，也不收达人佣金，在“京东采销直播间”里为客户带来实惠低价。

2. 新兴电子商务模式的分类

除传统主流的 B2B、B2C、C2C 和 O2O 等电子商务模式之外，近年来互联网技术的持续进步与创新催生了以下几种新兴电子商务模式。

（1）C2B 模式

C2B 模式即客户对企业的电子商务模式，主要涉及团购、预售和定制等服务。在此模式下，客户能享受到更优惠的定价及更个性化的商品或服务，而企业则能获取更多的订单和客户资源。

（2）B2B2C 模式

B2B2C 模式是指企业通过中间商与终端客户进行交易的电子商务模式。该模式常见于平台型电商、社交电商和内容电商等。借助 B2B2C 模式，企业可以利用中间商提供的平台或渠道，更高效地触达客户，从而提升销售能力。

（3）社交电商模式

社交电商模式是通过社交平台销售商品或提供服务的电子商务模式，覆盖社交购物、社交分享和社交直播等领域。在此模式下，客户可以在社交平台上直接浏览、分享和购买商品或服务，同时还有机会获得额外的优惠和奖励。

（4）新零售模式

新零售模式结合了线上与线下的销售渠道，是实现全渠道销售的电子商务模式。它涉及智慧门店、无人便利店以及增强现实体验等前沿领域。新零售模式能够帮助企业实现线上线下的完美融合，提升客户的购物体验，并进一步提高销售效率。

综上所述，新兴电子商务模式呈现多样化趋势，每种模式均具备独特优势和特点。随着互联网技术的不断进步与创新，预计未来还将涌现出更多新的电子商务模式。

二、新兴电子商务模式的特点

新兴电子商务模式的特点主要体现在以下几个方面。

1. 社交化

新兴电子商务模式注重社交元素与购物的结合。例如，社交电商模式利用社交媒体平台，通过分享、互动等方式将客户聚集，实现营销和口碑传播。这种模式借助社交媒体的客户基数和客户黏性，提高了客户的购物体验。

2. 移动化

随着移动设备的普及，移动电商逐渐崛起。新兴电子商务模式借助移动设备的便捷性和实时性，为客户提供随时随地的购物体验。移动电商通过精简的页面设计、一键支付等方式提升客户体验，满足客户随时随地的购物需求。

3. 个性化

新兴电子商务模式强调个性化服务，如提供个性化定制、个性化商品推荐等，满足客户更加个性化的购物需求。这有助于提升客户满意度和忠诚度。

4. 线上线下融合

新兴电子商务模式将线上线下的优势结合起来，客户可以在网上浏览商品信息，然后到实体店购买，兼顾线上线下的体验优势。这种模式提供了新的销售渠道，改变了传统的销售模式。

5. 创新营销和供应链模式

新兴电子商务模式注重创新，如采用新型营销模式、新型供应链模式等，提高运营效率和商品品质，从而提升竞争力。

6. 大数据应用

新兴电子商务模式注重大数据的应用，通过收集和分析客户数据，提供更精准的个性化推荐服务，提升客户体验和购物转化率。

三、新兴电子商务模式的影响与挑战

1. 新兴电子商务模式对传统商业模式的影响

新兴电子商务模式对传统商业模式具有深远影响，主要体现在以下几个方面。

（1）重塑销售渠道

传统商业模式多以实体店为主要销售渠道，而新兴电子商务模式的崛起，通过线上销售平台的搭建，彻底打破了地域与时间的束缚。这使得客户能够在任何时间、任何地点选购商品，极大地拓宽了销售市场。

（2）降低运营成本

新兴电子商务模式利用互联网技术进行商品推广与交易，这一变革显著降低了传统商业模式中的交易成本，如昂贵的店铺租金、大量的人工成本等。同时，借助精准的数据分析，企业能够更有效地管理库存，减轻库存压力。

（3）增强市场竞争力

新兴电子商务模式通过运用大数据分析、个性化推荐等先进技术，大幅提升了销售效率和客户满意度。这种以数据驱动的市场策略，使企业在激烈的市场竞争中脱颖而出，实现了销售额的显著提升。

（4）提升客户体验

客户体验是新兴电子商务模式的核心关注点。通过优化平台页面设计、提供个性化服务等手段，该模式成功满足了客户多样化的需求，进而大幅提升了客户满意度和忠诚度。

（5）推动商业模式创新

新兴电子商务模式不断涌现出如 C2B、B2B2C、社交电商等创新型商业模式，这些新模式彻底颠覆了传统商业模式的思维框架和运营逻辑，为商业世界注入了新的活力。

2. 新兴电子商务模式面临的挑战与风险

新兴电子商务模式所面临的挑战与风险可概括为以下几个方面。

（1）技术更新迭代速度的挑战

新兴电子商务模式高度依赖前沿技术，如人工智能、大数据分析等。然而，当今技术更新迭代极为迅速，这就要求企业必须持续追踪并掌握最新技术动态，确保在激烈的市场竞争中保持领先地位。

（2）信息安全与防护的难题

新兴电子商务模式的核心是信息的交流与资金的交易，信息安全问题因而显得尤为重要。一旦信息安全防线被突破，企业将可能遭受重大经济损失，甚至面临法律纠纷。

（3）客户隐私保护的考验

为了更好地提供个性化服务，新兴电子商务模式往往需要收集并分析客户的购物行为与偏好。但在此过程中，若发生客户隐私泄露事件，不仅会损害企业的公众形象，还可能引发法律诉讼。

（4）法律法规环境的不确定性

尽管新兴电子商务模式发展迅猛，但相关的法律法规体系尚未完全成熟。这种法律环境的不确定性增加了企业的经营风险，同时也可能影响客户的合法权益。

（5）市场竞争的激烈性

在新兴电子商务领域，市场竞争尤为激烈。企业必须不断创新服务方式，提升服务质量，稳固和扩大市场份额。同时，企业还应灵活应对来自竞争对手的各种挑战。

（6）物流配送的效率与成本问题

对于新兴电子商务模式而言，物流配送的效率和成本是关乎客户满意度和企业盈利能力的关键因素。任何物流配送环节的问题，都可能直接影响客户的购物体验，进而损害企业的品牌形象。

（7）全球化与跨境贸易的复杂性

在全球化背景下，新兴电子商务模式不可避免地涉及跨境贸易。然而，文化差异、法律制度的多样性以及货币汇率的波动等因素，都为企业的全球化战略带来了不小的挑战。

（8）技术人才的稀缺性

新兴电子商务模式的成功运作，离不开具备深厚技术背景和敏锐商业洞察力的人才。但目前市场上这类技术人才的供给明显不足，这已成为制约该模式进一步发展的关键因素。

四、新兴电子商务模式在实践中的应用

电商平台在实践中可以采用以下新兴电子商务模式。

1. 社交电商模式

社交电商模式将社交与电商相结合，通过社交平台获取流量，吸引客户关注和互动，从而提高销售效率，如图 2-1 所示。客户可以在平台上关注感兴趣的商家或达人，并与其互动，同时也可以分享商品或购买心得，吸引更多的潜在客户。

2. 个性化推荐模式

个性化推荐模式通过人工智能和大数据分析技术，对客户的行为和购物历史进行分析，推荐最符合客户需求的商品。这种模式可以提高销售效率和客户满意度，同时也可以增加客户的黏性和忠诚度。例如，客户在电商平台购买过汽车用品，该平台通过人工智能和大数据分析技术，就会推荐与汽车相关的用品，如图 2-2 所示。

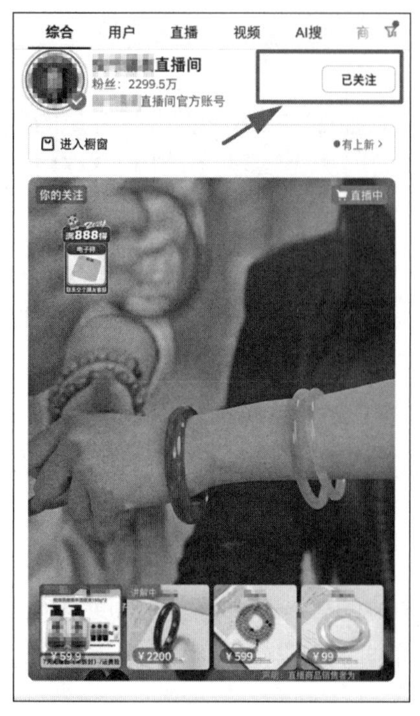

图 2-1　社交电商模式

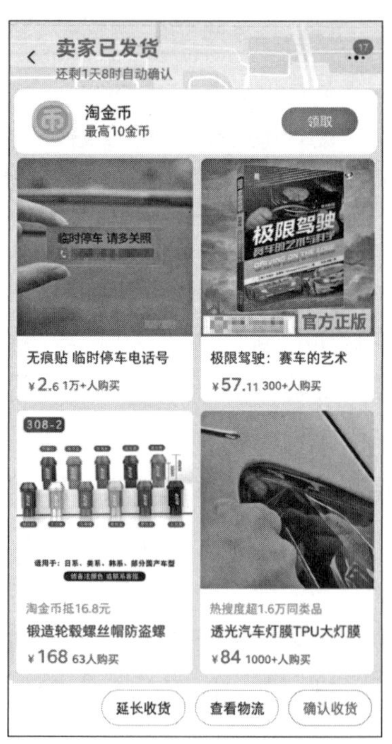

图 2-2　平台推荐购买过的类似商品

3. 短视频电商模式

短视频电商模式借助短视频这一形式，详细展示商品的特点与使用方法，以此吸引客户的关注并激发其购买欲望。短视频具有直观性和生动性，能够高效地呈现商品特色及使用效果，从而提升客户的购买决策效率。同时，这种富有创意和互动性的内容也有助于增强客户黏性，提高客户活跃度。

4. 跨境电商模式

跨境电商模式致力于跨境电商业务的拓展，不仅将国内优质商品推向海外市场，还积极引进海外精品，满足国内客户的多元化需求。通过跨境电商模式，平台打破了地域限制，实现了全球资源的优化配置，进一步提升了品牌知名度，并有效推动了销售额的增长。

5. 移动端优先模式

移动端优先模式重视移动端用户体验的优化，不仅增强了客户黏性，还有效提升了转化率，为平台的持续发展奠定了坚实基础。

综上所述，电商平台通过融合社交电商、个性化推荐、短视频电商、跨境电商以及移动端优先等先进模式，实现了迅猛发展和市场占有率的显著提升。这些创新模式的成功应用，不仅为平台自身带来了可观的业绩，也为整个电商行业的进步提供了新的启示和借鉴。

思考与练习

1. 新兴电子商务模式可以分为哪几类?
2. 新兴电子商务模式的特点有哪些?
3. 思考讨论新兴电子商务模式的创新、实践与未来发展方向。

项目三　电子商务支付与安全

学习单元 1　初识电子支付

学习目标

知识目标

1. 了解电子支付的分类
2. 熟悉我国电子支付的发展状况

技能目标

1. 能使用网上银行业务功能
2. 能使用第三方支付平台进行支付

导语

电子支付涉及电子商务交易的各方，包括客户、厂商和金融机构。各方通过信息网络，采用安全的信息传输方式和数字化手段进行货币支付或资金转移。相较于传统支付方式，如现金流转、票据转让和银行汇兑，电子支付利用先进技术，通过数字流转完成信息传输，实现了各种支付方式的数字化。这种支付方式具有低成本、高效率和全球性的特点。客户只需通过能连接网络的设备，便能在极短时间内完成网上交易。

思考：各种形式的电子支付在使用方式上有哪些差别？

一、电子支付概述

1. 电子支付的定义

电子支付是单位或个人通过电子终端直接或经授权发出支付指令，实现货币支付和资金转移的行为。电子支付涉及电子交易的各方，如客户、厂商和金融机构，各方利用安全的电子手段通过网络完成货币支付或资金流转。

2. 电子支付的特点

与传统支付方式相比，电子支付的特点主要体现在以下几个方面。

（1）支付方式数字化

电子支付采用先进的技术手段，通过数字流转完成信息传输和款项支付，而传统支付则依赖现金流转、票据转让和银行汇兑等实体物流方式。

（2）系统平台开放性

电子支付基于开放的互联网系统平台运作，相较于传统支付在封闭系统中进行，具有更高的灵活性和便捷性。

（3）通信手段先进性

电子支付使用互联网、外联网等最先进的通信手段，而传统支付则依赖于传统的通信媒介。此外，电子支付对软硬件设施有较高要求，包括互联网设备、相关软件等，而传统支付则相对简单。

（4）高效便捷性

电子支付具有方便、快捷、高效和经济的优势。客户可以随时随地在极短时间内完成支付过程，且支付费用更低，大幅提升了支付效率和客户体验。

3. 电子支付的分类

根据电子支付指令的发起方式不同，电子支付的业务类型可细分为网上支付、电话支付、移动支付等多种方式。

（1）网上支付

网上支付以互联网为基石，借助银行支持的数字金融工具，实现购买者与销售者之间的金融交换。它涵盖了从购买者到金融机构、商家之间的在线货币支付、现金流转、资金清算及查询统计等全流程，为电子商务及其他服务提供坚实的金融支持。

（2）电话支付

电话支付是一种线下的电子支付方式，客户只需使用电话或其他类似的终端设备，便可通过银行系统直接从其个人银行账户完成支付。

（3）移动支付

移动支付是一种新颖的支付方式，它允许用户使用手机等移动设备，通过无线方式轻松完成支付操作。

二、电子支付的发展现状

随着电子商务的发展，电子支付在中国发展很快，基本上已经建成同城清算系统、全国手工联行系统、全国电子联行系统、电子汇兑系统、银行卡支付系统、邮政储蓄和汇兑系统、中国国家现代化支付系统和商业银行的网络银行系统八类电子支付结算系统。

1. 我国电子支付的发展阶段

电子支付在中国最早出现于20世纪90年代末，以招商银行推出的“一卡通”为标志。起初的电子支付服务主要是指自动柜员机取款以及少量的信用卡销售终端业务。近几年，随着宽带网络在中国的迅速普及，基于银行业务网络化的其他B2B和B2C电子/网络支付业务逐渐兴起。

总结下来，我国电子支付的发展阶段见表3-1。

表3-1 我国电子支付的发展阶段

序号	阶段	内容
1	金融机构结算的计算机处理	银行利用计算机处理银行之间的业务，办理结算
2	金融机构与非金融机构结算的计算机处理	银行计算机与其他机构计算机之间资金的结算，如代发工资、代扣公积金等业务
3	金融网络终端的银行服务	利用网络终端向客户提供各项银行服务，如在自助设备上存取款
4	销售终端电子支付	利用银行销售终端向客户提供自动支付账款服务
5	网上支付	随时随地通过互联网进行直接转账结算，形成电子商务交易支付环境

2. 我国电子支付的现状

《2021年全球支付行业报告》数据显示，我国所有的支付方式中，移动支付占比达到50%，成为了客户选择最多的支付方式。支付企业在移动支付的全面布局，也带动了手机在线支付客户的增长。2011—2020年，我国移动支付客户规模逐年增长，中国互联网络信息中心发布的第47次《中国互联网络发展状况统计报告》数据显示，截至2020年12月，我国移动支付客户规模达到8.54亿，比2019年6月增长了34.9%，网民使用移动支付的比例由2018年年底的72.5%提升至86.4%。中国人民银行发布的数据显示，截至2020年年底，我国移动支付业务为1 232.20亿笔，金额为432.16万亿元，同比分别增长21.48%和24.50%。

目前，我国支付行业正处于深化发展的转折期，支付产业数字化将是数字经济高质量发展的重要动力。可以预见的是，随着我国数字经济红利的进一步释放，未来数字经济与实体经济将朝着更深层次融合。

电子支付客户规模持续高速增长主要有三个原因：

（1）高速发展的电子商务应用对电子支付的需求进一步增强，拉动电子支付客户规模的增长。

（2）各电子支付厂商在线下消费场景积极布局，不断拓展和丰富线下消费支付场景，并推出补贴政策，吸引非电子支付客户尝试。

（3）电子支付厂商加大营销投入力度，持续扩大电子支付商品的影响力，进一步打通社交关系链条，带动非电子支付客户的转化，如支付宝春晚“集五福”和微信“摇福金”等活动。

但是，在电子商务支付市场中，政策风险、安全隐患、诚信缺失等问题依然存在，网上支付硬件设施、技术规范和实施标准缺乏统一规划，相关法律法规缺乏，监管措施不完善，诚信度低和认知缺失等严重制约了行业的进一步发展。因此，要保证我国电子支付行业健康高速发展，必须健全法律保障体系，加强网络基础设施建设，强化对电子支付业务的风险控制，改变监管方式，创新监管手段，加快人才培养和技术培训。

三、电子支付的工具

随着计算机技术的发展，电子支付的工具越来越多，这些支付工具可以分为三大类：电子货币类，如电子现金、电子钱包等；电子信用卡类，如智能卡等；电子支票类，如电子支票、电子汇款、电子划款等。这些方式各有自己的特点和运作模式，适用于不同的交易过程。

1. 电子现金

电子现金又称为电子货币或数字货币，是一种非常重要的电子支付工具，它可以看作现实货币的电子或数字模拟。电子现金以数字信息形式存在，通过互联网流通，但比现实货币更加方便、经济，适用于通过网络进行支付的小额交易。

2. 电子钱包

电子钱包有两种概念，一是纯粹的软件，主要用于网上消费、账户管理，这类软件通常与银行账户或银行卡账户连接在一起；二是小额支付的智能储值卡，持卡人预先在卡中存入一定的金额，交易时直接从储值账户中扣除交易金额。

3. 智能卡

智能卡是内嵌微芯片的塑料卡的统称。一些智能卡包含微电子芯片，需要通过读写器进行数据交互，可自行处理数量较多的数据而不会干扰到主机的工作。智能卡还可过滤错误的数据，减轻主机的负担。智能卡适用于端口数目较多且通信速度需求较快的场合，已在金融、电信、社会保障、税务、公安、交通、建设及公用事业、石油石化、组织机构代码管理等许多领域得到了广泛应用，如第二代居民身份证（卡）、社会保障卡、城市交通卡、电话卡、三表（水、电、气）卡等应用已经渗透到百姓生活的方方面面，并取得了较好的社会效益和经济效益。这对提高各行业及地方政府的现代化管理水平，改变人民的生活模式和提高生活质量，推动国民经济和社会信息化进程发挥了重要作用。

4. 电子支票

电子支票是纸质支票的电子替代物。电子支票将纸质支票改变为带有数字签名的电子报文，或利用其他数字电文代替纸质支票的全部信息。电子支票与纸质支票都是用于支付的合法方式，但电子支票使用数字签名和自动验证技术确定其合法性。支票上除了必须填写的收款人姓名、账号、金额和日期外，还隐含了加密信息。

四、电子支付的方式

1. 网上银行

（1）网上银行的含义

网上银行也称网络银行、在线银行或电子银行，它是各银行在互联网中设立的虚拟柜台。银行利用网络技术，通过互联网向客户提供开户、销户、查询、对账、行内转账、跨行转账、信贷、网上证券、投资理财等传统服务项目，使客户足不出户就能够安全、便捷地管理活期和定期存款、支票、信用卡及个人投资等。

网上银行的发展模式有两种。一种是完全依赖于互联网的无形的电子银行，也称虚拟银行，即没有实际的物理柜台作为支撑的网上银行。这种银行一般只有一个办公地址，没有分支机构，也没有营业网点，它采用国际互联网等高科技服务手段与客户建立密切的联系，提供全方位的金融服务。另一种是在现有传统银行的基础上利用互联网开展传统的银行业务，即传统银行利用互联网作为新的服务手段为客户提供在线服务。实际上，它是传统银行服务在互联网上的延伸，这是目前网上银行存在的主要形式，也是绝大多数商业银行采取的网上银行发展模式。

（2）网上银行的业务功能

网上银行不受时间、空间限制，能够在任何时间、任何地点、以任何方式为客户提供金融服务。网上银行的金融服务业务品种主要包括基本网上银行业务、网上投资与理财、网上购物协助服务、企业银行及其他金融服务等。

（3）网上银行的特点

与传统银行业务相比，网上银行在运作机制和服务方面都有不同的特点，具体表现在以下几个方面。

1）大大降低了银行的经营成本，有效地提高了银行的盈利能力。开办网上银行业务，主要是利用公共网络资源，无须设置物理的分支机构或营业网点，减少了人员费用，提高了银行后台系统的效率。

2）无时空限制，有利于扩大客户群体。网上银行打破了传统银行业务的地域和时间限制，跨时空、全天候为客户提供金融服务，这既有利于吸引和保留优质客户，又能主动扩大客户群，开辟新的利润来源。

3）有利于服务创新，向客户提供多种类、个性化的服务。通过银行营业网点销售保险、证券和基金等金融商品，往往会受到很大限制，因为一般的营业网点难以为客户提供详细的、低成本的信息咨询服务。利用互联网和银行支付系统，就能很容易地满足客户咨询、购买和交易等多种需求，客户除办理银行业务外，还可以很方便地在网上买卖股票、债券等。

2. 第三方支付平台

第三方支付平台是由非银行的第三方机构投资运营的网上支付平台，其通过通信、计算机和信息安全技术，在商家和银行之间建立连接，从而提供货币支付、现金流转、资金清算、查询统计的平台，起到信用担保和技术保障的作用。

（1）第三方支付平台的运作模式

采用第三方支付的方式，商家看不到客户的银行卡信息，避免了银行卡信息在网络多次公开传输而导致的被窃事件。

目前，根据运作方式的不同，第三方支付平台可分为两种。一种是独立第三方支付平台，如网银在线、首信易支付等；另一种是非独立第三方支付平台，如支付宝、财付通、微信支付等。

（2）第三方支付平台支付模式的优缺点

1）第三方支付平台支付模式的优点。

①安全。银行卡信息或账户信息仅需要告知支付中介，而无须告诉每一个收款人，这就大大减少了银行卡信息和账户信息泄密的风险。

②支付成本低。支付中介集中了大量的电子小额交易，能够形成规模效应，因此降低了支付成本。

③使用方便。支付者面对的是友好的页面，不必考虑背后复杂的技术操作过程。

④支付担保业务可以在很大程度上保障收款人的利益。

2）第三方支付平台支付模式的缺点。

①这是一种虚拟支付层面的支付模式，需要其他的支付方式完成实际支付层面的操作。

②收款人的银行卡信息将暴露给第三方支付平台，如果这个平台的信用度或者保密手段欠佳，将给收款人带来风险。

③第三方结算支付中介的法律地位缺乏规定，一旦该中介破产，客户所购买的电子货币可能会由于成为破产债权而无法得到保障。

④大量资金滞留在第三方支付平台账户内，存在资金保管的风险。

思考与练习

1. 电子支付的本质是什么？

2. 电子支付与传统支付有什么区别？

学习单元 2　常见的电子支付流程

学习目标

知识目标

1. 了解网上银行支付的流程
2. 熟悉第三方支付平台的规则

技能目标

1. 能使用网上银行支付订单
2. 能使用第三方支付平台支付订单

导语

尽管电子支付已广泛应用，但仍有部分人偏好现金支付，认为其更为可靠。同时，一些客户因听闻电子支付诈骗案例而对其保持距离。目前，国家正严厉打击电子支付诈骗，且科技的持续进步也增强了电子支付的安全性。因此，学习如何正确且安全地使用电子支付显得尤为重要。

思考：电子支付的过程中需要注意哪些安全问题？

一、网上银行支付流程

1. 网上银行注册及登录（以中国工商银行为例）

（1）使用百度搜索中国工商银行官网，进入其首页，如图 3–1 所示。

（2）进入中国工商银行官网首页页面，如图 3–2 所示。

（3）点击页面上的“个人网上银行登录”按钮下的“注册”按钮，进入注册页面。根据自己的实际情况填写相关信息，按照要求点击“下一步”按钮完成注册流程，如图 3–3 所示。

（4）注册完成后，登录个人网银，输入用户名、密码及验证码即可进入网上银行。进入网上银行后可以进行查询、支付、转账等一系列操作。中国工商银行网上银行业务页面如图 3–4 所示。

图 3–1　搜索中国工商银行官网

图 3–2　进入中国工商银行官网

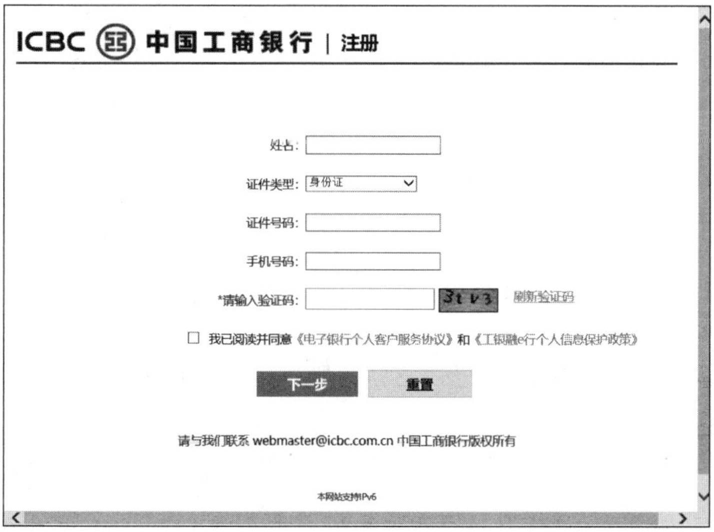

ICBC 中国工商银行 | 注册

姓名：

证件类型：身份证

证件号码：

手机号码：

*请输入验证码：　刷新验证码

我已阅读并同意《电子银行个人客户服务协议》和《工银融e行个人信息保护政策》

下一步　重置

请与我们联系 webmaster@icbc.com.cn 中国工商银行版权所有

本网站支持IPv6

图 3–3　填写注册信息

图 3-4　中国工商银行网上银行业务页面

2. 网上银行支付（以京东平台为例）

（1）在网上选定商品，要进行网上支付时，会弹出“网银支付”选择页面，选择支付平台，点击“立即支付”进入下一步，如图 3-5 所示。

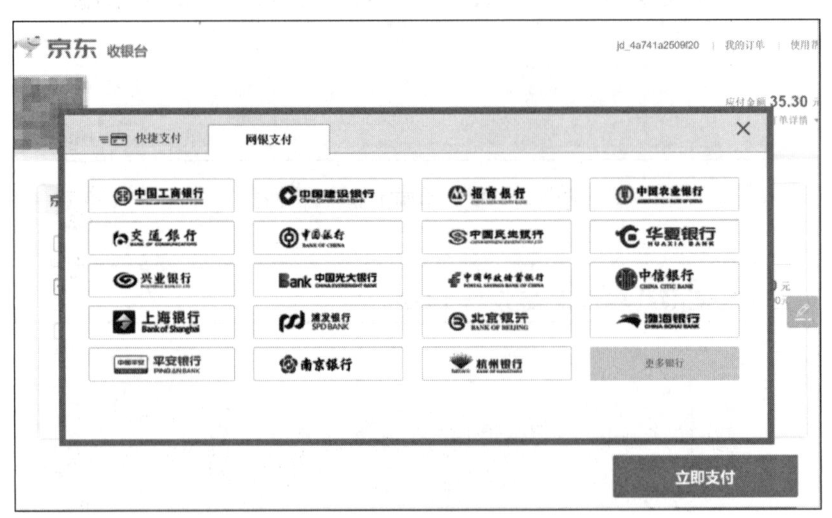

图 3-5　“网银支付”选择页面

（2）选择“储蓄卡”或“信用卡”支付，确认无误后点击“跳转网银并支付”进入下一步，如图 3-6 所示。

（3）确认支付信息无误后，输入卡号，点击“下一步”完成支付，如图 3-7 所示。

图 3–6　选择“储蓄卡”或“信用卡”支付

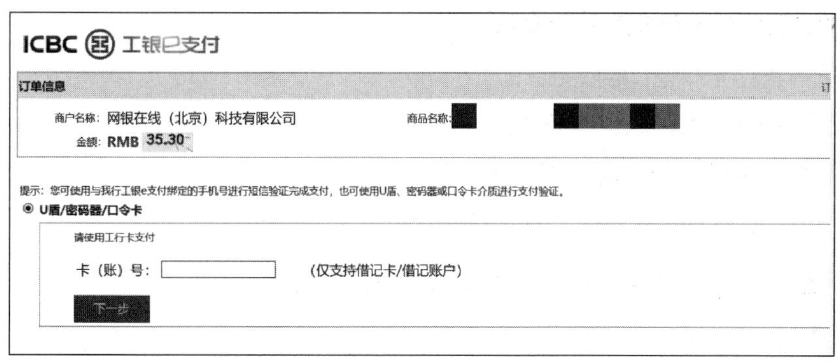

图 3–7　输入卡号并完成支付

一般网上银行的支付形式包括U盾、电子银行口令卡、静态密码、动态密码。以动态密码为例，支付时系统会向注册账号的手机发送一条短信，短信中有动态密码，只要输入便可以完成支付。动态密码是比较简单和常用的一种方式，但安全性较低。网上银行支付形式见表 3–2。

表 3–2　网上银行支付形式

类型	适用客户	特点	安全机制
U 盾	所有网银客户	· 安全级别最高 · 资金交易没有额度限制 · 可以获得全部网上银行服务	· 基于硬件的数字签名 · 1 024 位非对称密钥加密 · 证书密码保护 · 网银登录密码保护

续表

类型	适用客户	特点	安全机制
电子银行口令卡	没有申请U盾的网银客户	·安全级别较高 ·对外汇款、网上缴费、网上购物有额度限制 ·不能获得个人理财服务	·动态密码，随机产生 ·网银登录密码保护
静态密码	网上自助注册或没有申请U盾、电子银行口令卡的客户	·安全级别一般 ·服务功能和交易额度都有限制 ·客户需要有较高安全意识，能确保密码等敏感信息不被窃取	·登录密码、支付密码双重密码保护

3. 使用网上银行支付的注意事项

（1）使用完应立即退出网上银行。

（2）不要在网上银行账户中存入太多资金。

（3）不要在网吧等公共场所使用网上银行。

（4）不要用键盘输入密码，应使用软键盘，防止键盘记录。

二、第三方支付平台支付流程（以支付宝为例）

1. 选购商品，买卖双方达成交易意向，支付前确认订单页面如图 3–8 所示。

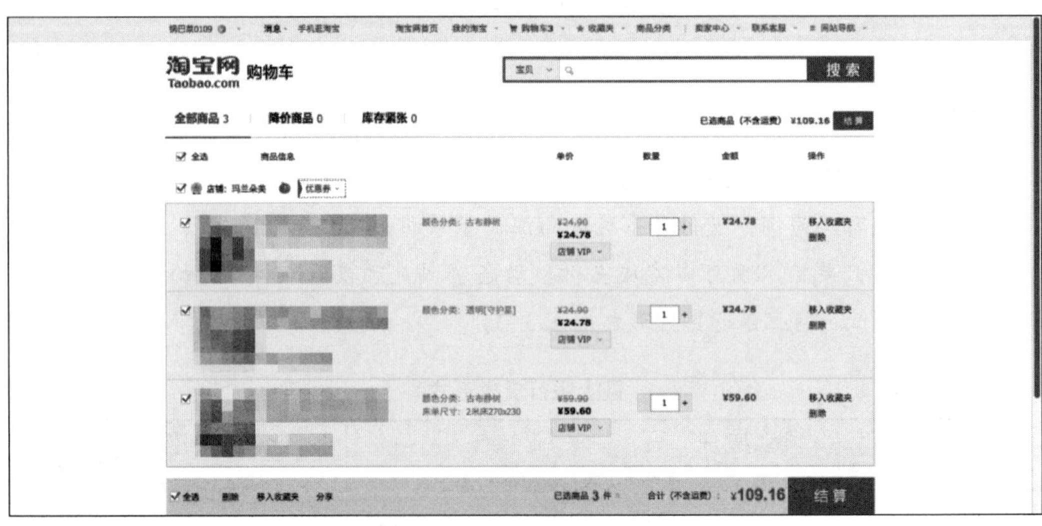

图 3–8　支付前确认订单页面

2. 选择第三方支付平台进行支付，将货款划到第三方支付平台账户，支付宝支付页面如图 3–9 所示。

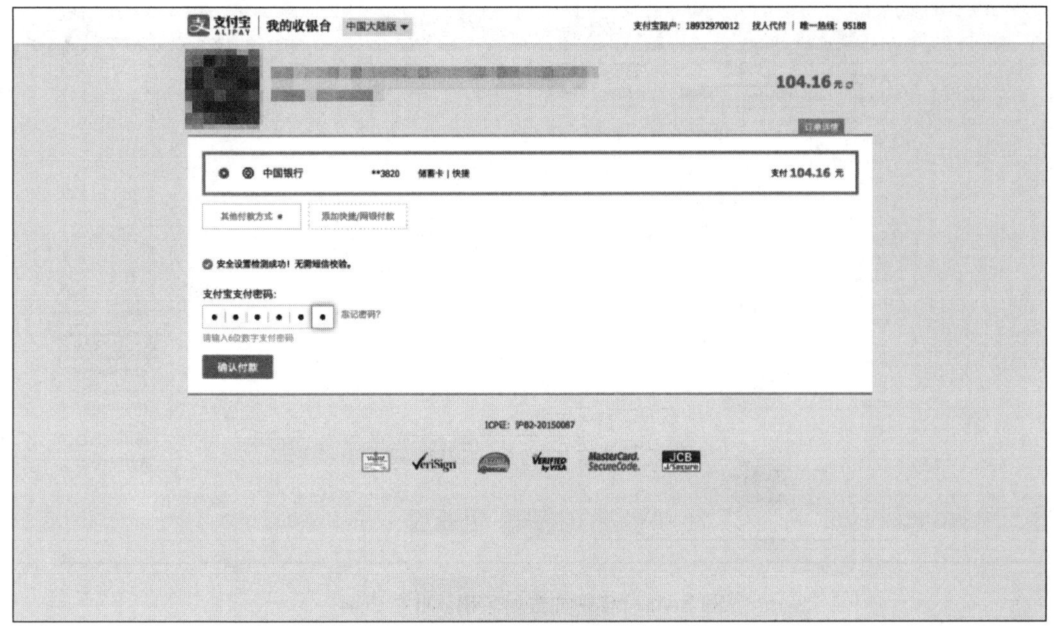

图 3–9　支付宝支付页面

3. 第三方支付平台通知商家客户的货款已到账，要求商家在规定时间内发货，支付宝通知商家发货页面如图 3–10 所示。

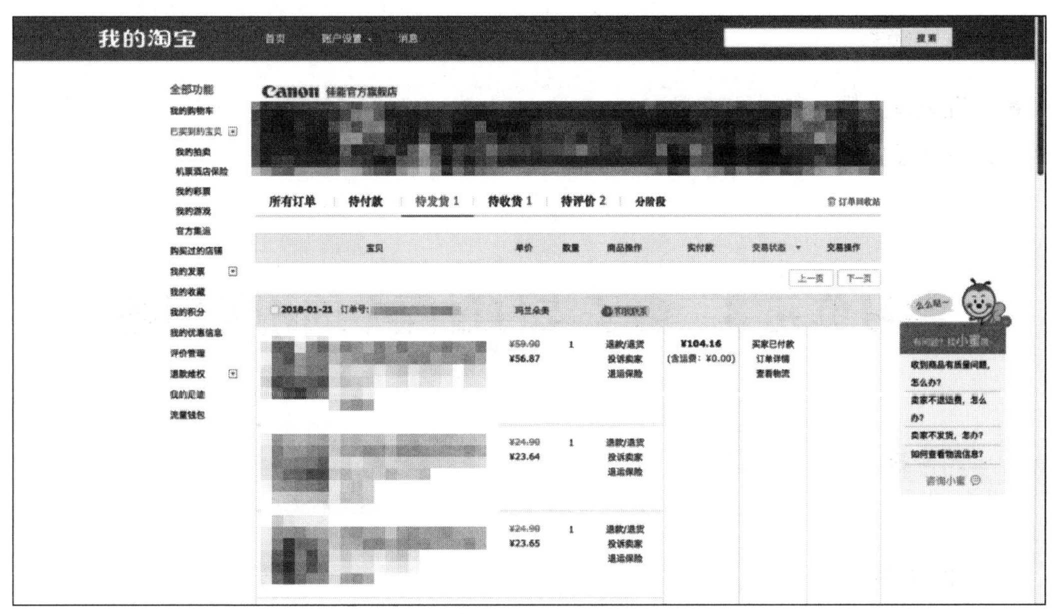

图 3–10　支付宝通知商家发货页面

4. 商家收到客户已付款的通知后按订单发货，客户收到货物并确认满意后通知第三方支付平台完成货款结算，客户向支付宝确认收货页面如图 3–11 所示。

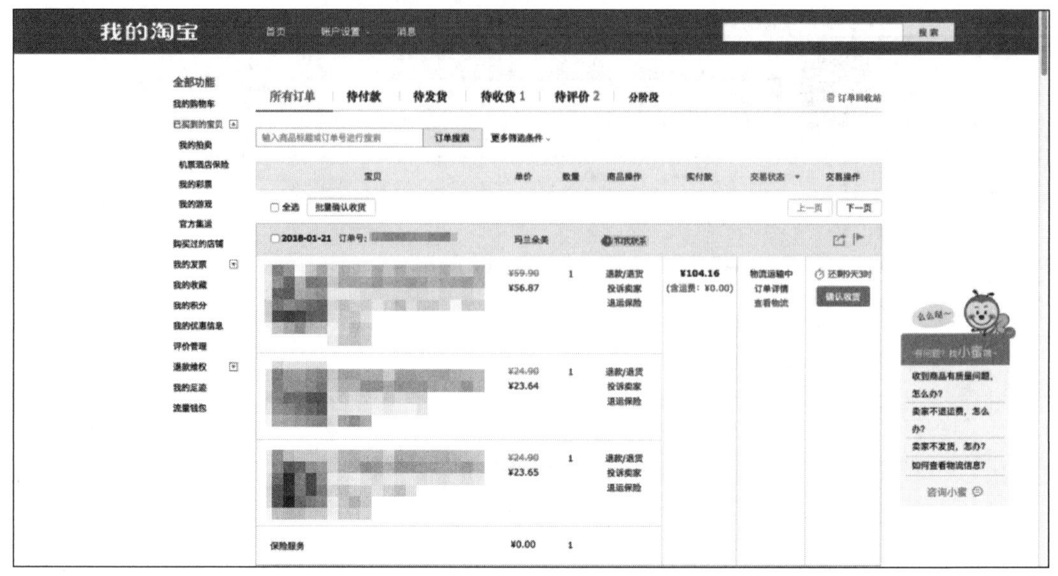

图 3–11　客户向支付宝确认收货页面

需要注意的是，客户如果对货物满意，第三方支付平台将货款划入商家账户，交易完成；如果客户对货物不满意，第三方支付平台确认商家收到退货后，将货款划回客户账户或者暂存在第三方支付平台账户中，等待客户下一次交易的支付。

思考与练习

1. 简述网上银行支付的流程。
2. 网上银行支付与第三方支付平台支付有何异同？

学习单元 3　电子支付过程中的相关问题

学习目标

知识目标

1. 了解我国现行的电子支付相关法律
2. 熟悉电子支付法律相关人的权利和义务

技能目标

1. 能对电子支付过程中的数据进行保密
2. 能防范电子支付中的违法活动

导语

《电子商务法》第五十三条规定，电子支付服务提供者为电子商务提供电子支付服务，应当遵守国家规定，告知用户电子支付服务的功能、使用方法、注意事项、相关风险和收费标准等事项，不得附加不合理交易条件。电子支付服务提供者应当确保电子支付指令的完整性、一致性、可跟踪稽核和不可篡改。

思考：现行的电子支付法律中还有哪些需要完善的部分？

一、电子支付法律相关人的权利和义务

1. 电子支付服务提供者的权利和义务

（1）免费提供对账服务以及最近三年的交易记录。

（2）电子支付服务提供者完成电子支付后，应当及时准确地向客户提供符合约定方式的确认支付的信息。

（3）电子支付服务提供者发现支付指令未经授权，或者收到客户支付指令未经授权的通知时，应当立即采取措施防止损失扩大。电子支付服务提供者未及时采取措施导致损失扩大的，对损失扩大部分承担责任。

2. 客户的权利和义务

（1）客户在发出支付指令前，应当核对支付指令所包含的金额、收款人等完整信息。支付指令发生错误的，电子支付服务提供者应当及时查找原因，并采取相关措施予以纠正。造成客户损失的，电子支付服务提供者应当承担赔偿责任，但能够证明支付错误非自身原因造成的除外。

（2）客户应当妥善保管交易密码、电子签名数据等安全工具。客户发现安全工具遗失、被盗用或者未经授权支付的，应当及时通知电子支付服务提供者。未经授权的支付造成的损失由电子支付服务提供者承担；电子支付服务提供者能够证明未经授权的支付是因客户的过错造成的，不承担责任。

二、电子支付的安全要求

在传统的交易过程中，买卖双方可以面对面直接交流交易事项，比较容易建立起相互信任的可靠关系，提高了交易的安全性。电子商务活动突破了时间和空间限制，使交易双方都面临着交易安全性的问题。电子支付的安全要求主要体现在以下几个方面。

1. 信息的有效性和真实性

电子支付以电子流代替了实物流，提高了交易活动效率。但保证这种电子形式的交易信息的有效性和真实性则是安全开展电子商务的前提，同时也直接关系到个人、企业甚至国家的经济利益。

2. 信息的保密性

在电子支付系统中，保密性是指防止泄露有关交易的各种信息。在电子商务过程中，交易双方并不想让第三方知道交易的具体事项，包括资金账号、客户密码、支付金额等网络支付信息。但由于交易是在网络上进行的，其传送的信息很容易被不法分子破解获取，所以必须对传送的各项数据进行加密。

3. 信息的完整性

电子支付一方面简化了交易环节，减少了人力、物力，降低了成本，另一方面也给保护商业信息的完整性带来了难题。数据输入时的失误或故意行为，以及数据在传输过程中重复、丢失、次序颠倒，都会导致电子交易各方信息存在差异。因此，电子支付系统应充分保证数据传输、存储的完整性，进一步保证电子支付交易的安全。

4. 信息的可靠性和不可抵赖性

信息的可靠性能保证合法客户对信息和资源的使用不会被不正当地拒绝。信息的不可抵赖性能建立有效的责任机制，当交易一方发现交易行为对自己不利时，可以防止该方因否认其行为而给另一方带来损害。因此，电子支付系统应具备审查能力，可以杜绝交易任何一方的抵赖行为。

三、与电子支付有关的违法活动及防范措施

网络技术给电子支付服务带来了传统支付业务无法比拟的优越性。与此同时，巨大的经济利益诱惑使得犯罪分子将网络环境视为新的作案领域，违法犯罪活动日益猖獗。

1. 黑客入侵问题

随着我国网银客户数量激增，针对在线银行业务的黑客攻击和木马编写活动也愈发频繁。虽然网络系统安全性有所提升，但支付风险依旧存在，即便技术先进的银行系统也发生过资金盗取事件。网络安全对电子支付至关重要，因此，确保系统安全是电子支付的首要任务。网上支付安全风险主要来自三个方面：银行网站安全性、客户与银行间交易信息传递的安全性，以及商家与银行之间交易信息传递的安全性。而所有这些风险的根本原因在于登录密码或支付密码的泄露。

（1）密码管理不当

多数企业与个人遭受网络攻击的主因是密码管理不当。许多用户倾向于使用简单数字组合等安全性较低的密码，且有调查显示，高达 86% 的用户在多个网站重复使用同一个或少数几个密码，这种做法使密码极易被黑客破解。

加强密码管理可以采取以下措施：首先，用户应设置复杂密码，避免使用姓名拼音、生日数字等易猜信息，建议采用大小写字母、数字与特殊字符的组合，且密码长度应超过9位，以提升系统安全性；其次，用户必须妥善保护个人及单位账号密码，避免泄露，以防被恶意利用，同时应避免在不同网络服务中重复使用同一密码，减少密码被全盘破解的风险；最后，若通信工具遗失，用户应立即更改移动支付密码，确保安全。

（2）木马病毒

当前，犯罪分子利用木马病毒程序窃取个人网银账号和密码的情况屡见不鲜。这些网络病毒能监视浏览器，记录或诱骗用户输入账号和密码，并通过邮件发送窃取的信息。此外，犯罪分子还利用微信红包、二维码等方式诈骗，通过植入木马病毒读取手机内的个人信息，或发送虚假订单和支付链接套现。

为应对这些网络病毒，用户应采取以下措施：首先，在计算机或手机中安装杀毒软件并及时更新，进行网银操作或扫码前先进行病毒扫描；其次，对陌生人发送的文件、链接等应保持警惕，避免点击下载，若不慎下载，应尽快删除或重装系统。

（3）钓鱼网站

犯罪分子常利用伪造邮件和网站进行诈骗，冒充知名品牌以获取用户的财务数据，进而盗取资金。他们还会制作钓鱼网站，记录并盗用用户的账号和密码。为防止此类诈骗，用户应仔细辨认网址，优先访问官方网站，并注意查看网页的安全证书。同时，黑客攻击也对电子支付信息安全构成巨大威胁，其攻击方法繁多且难以防范。

为应对这些问题，我国已出台相关法律法规，如《中华人民共和国计算机信息系统安全保护条例》和《中华人民共和国网络安全法》（以下简称《网络安全法》），惩治黑客行为并提供法律保障。然而，仅靠法律约束是不够的，还需技术上的完善。目前，与电子支付相关的黑客防范技术包括数据加密、防火墙、漏洞扫描、入侵检测、反病毒技术、数字证书以及安全协议等。

2. 与电子支付有关的洗钱问题

电子支付工具的便捷性、匿名性等特点为洗钱提供了方便，导致洗钱犯罪更为猖獗。《中华人民共和国刑法》明确规定了洗钱罪的相关情形。2006年，我国颁布了《中华人民共和国反洗钱法》，这是我国首部专门防范洗钱的法律，标志着反洗钱工作迈上新台阶。然而，反洗钱立法体系仍需完善，特别是对第三方支付洗钱犯罪的法律规制。此外，电子支付中使用的加密技术增强了电子货币的匿名性，给洗钱犯罪的调查和追踪带来了极大困难。因此，电子支付服务提供者需要在保护客户隐私和打击洗钱犯罪之间找到平衡，相关执法机构获取密钥的机制也需进一步健全和统一。

3. 违法交易的法律责任划分问题

我国电子支付法律规范体系尚待完善，目前法律法规未明确规定电子支付过程中各交易方的法律责任，这极易引发纠纷。例如，关于未经授权的银行卡支付损失和客户信息被滥用导致的损失的责任承担问题尚无明文规定。

（1）归责原则在电子支付纠纷中起关键作用。我国虽无专门针对电子支付的法律法规，但《民法典》中规定的民事责任归责原则为电子支付纠纷的责任认定提供了基础。其中，过错责任原则和过错推定责任原则是最常用的两条原则。过错责任原则要求行为人仅在有过错时承担责任，而过错推定责任原则则要求行为人在不能证明自己无过错时承担责任。

（2）不可抗力是免责的情形之一，但电子支付环境下不可抗力的界定变得十分复杂。黑客攻击等网络安全事件是否属于不可抗力尚存争议。这类事件虽难以预见、避免和克服，但不完全符合不可抗力的传统定义，在具体案例中应细致分析。

此外，电子支付还涉及电子支付工具法律地位、电子银行风险管理、电子签名承认及电子支付行业规范性问题。尽管有《网络安全法》等相关法规，但面对网络环境的多变性，更专门的立法需求十分迫切。同时，随着经济全球化的发展，电子支付交易主体跨越了国界，立法时应兼顾国际法律法规，使电子支付法律环境日臻完善。

思考与练习

1. 列举我国与电子支付相关的主要法律法规。
2. 在电子支付过程中，如何采取有效措施对数据进行保密？

学习单元 4　电子商务安全管理

学习目标

知识目标

1. 了解计算机病毒防范技术
2. 掌握数字证书的基本原理

技能目标

1. 能对本地文件进行加密与解密操作
2. 能完成数字证书的安装与更新

电子商务安全管理旨在通过监测、分析、评价和管理电子商务流程，防范潜在风险对电子商务主体信用和交易顺利达成的威胁，确保交易结果准确无误。在实际应用中，为有效解决电子商务安全问题，需要双管齐下：一方面，要充分利用病毒防范技术、加密技术、身份认证技术、入侵检测技术、访问控制技术等先进的电子商务安全技术；另一方面，技术人员和相关从业人员要不断增强自身的安全防范意识，共同维护电子商务的安全稳定。

思考：电子商务安全管理的主要目标是什么？

一、病毒的防范

计算机病毒由一组计算机指令或程序代码构成，它们被编制或插入计算机程序中，具有破坏计算机功能、影响计算机使用以及自我复制的能力。目前，检测计算机病毒的主要方法包括特征代码法、校验和法、行为监测法和软件模拟法。这些方法各有优缺点，如特征代码法无法检测新病毒，校验和法对文件变化敏感，易误报，而行为监测法和软件模拟法虽能发现未知病毒，但实现难度大且可能误报。当前，病毒防范技术正逐渐发展为协同立体化防护，旨在从信息源头（如电子邮件）进行拦截，并结合反病毒与主动入侵检测技术，通过持续升级防护规则和安全软件，不断提升防护能力。

1. 病毒防范措施

（1）预防

对于病毒防范来说，预防计算机病毒的侵入是最主要的，因为一旦病毒已经侵入系统，清除是比较麻烦的。预防病毒侵入的方法可以分为技术层面的方法和管理层面的方法。

从技术层面预防病毒侵入的方法有以下几点：

1）安装防病毒软件并定时升级，开启防病毒软件所有必要的监控功能。

2）定时更新操作系统补丁。因为病毒主要是根据操作系统漏洞进行攻击的，所以定时更新操作系统的补丁并配合使用防病毒软件，可以预防大多数病毒的入侵。

3）启用网络防火墙。网络防火墙是杀毒软件的有效补充。

4）合理设置浏览器的安全级别。不要随意降低浏览器的安全级别，以免减弱对恶意代码和 ActiveX 控件的防护。

5）关闭 Windows 系统中 U 盘和光盘的自动运行功能。

6）对于木马病毒来说，网络管理员可以在交换机或防火墙上禁用已知木马病毒所使用的 TCP 端口号，从而阻止这些木马病毒的运行和传播。

7）采用硬件防病毒技术。目前新一代的中央处理器内嵌了硬件防病毒技术，但该技术目前的功能还十分有限，只能防范利用缓冲区发出攻击的病毒。

从管理层面预防病毒侵入的方法有以下几点：

1）尽量从大型专业网站下载软件。从小型网站下载软件要格外慎重，因为来自这些网站的软件可能已经嵌入了病毒。

2）不要访问一些不法网站，因为这类网站为了盈利大都带有网络病毒。如果无意进入这些网站后发现不正常的情况，如硬盘灯频闪，或弹出一些其他浏览器窗口，要立即关闭浏览器。

3）慎重对待邮件附件。如果收到的邮件附件中有可执行文件（如后缀为 EXE、COM 的文件等）或者带有宏的文档（如后缀为 DOC 的文件）时，要用杀毒软件仔细检测后再打开。

4）使用备份系统，这样即使系统遭到破坏，恢复的速度也很快。

5）使用原版的网络软件，如使用原版的 QQ 比使用外挂了扩展功能的 QQ 安全性要高。

（2）检测

检测是指使用防病毒软件定期扫描硬盘，或使用电脑管家等软件扫描系统漏洞和非法软件，并且定期对系统进行体检。

（3）免疫

免疫是指使操作系统和应用软件对病毒具有免疫能力，使病毒不能实施攻击。升级操作系统补丁就是免疫的一种方法。很多应用软件也存在容易受到病毒攻击的漏洞，对这些软件需要进行漏洞修复，即免疫。对于计算机病毒的防治，需要了解以下 3 点：

1）不存在能够防止未来产生的所有病毒的反病毒软硬件。

2）现有的反病毒软硬件以及安全产品必须经常进行更新、升级。

3）病毒产生在前、反病毒手段滞后将是长期面临的状况。

2. 防病毒软件的安装、使用及更新

当发现系统中已经存在病毒时，需要使用防病毒软件的杀毒功能对病毒进行清除。下面以目前应用比较广泛的防病毒软件 360 安全卫士为例，介绍防病毒软件的使用。

（1）软件安装

360 安全卫士在 360 的官方网站上就可以下载，如图 3–12 所示。安装比较简单，点击下载的安装程序就可以轻松完成安装。360 安全卫士安装完成页面如图 3–13 所示。

（2）木马查杀

1）打开 360 安全卫士主页面，如图 3–14 所示，点击“木马查杀”选项，可定期查杀系统中的木马。可供选择的扫描方式有“快速查杀”“全盘查杀”“按位置查杀”。“快速查杀”可对系统内存、启动对象的一些关键位置进行查杀，速度较快；“全盘查杀”可对系统内存、启动对象及全部磁盘进行查杀，速度较慢；“按位置查杀”可对需要查

图 3–12　360 安全卫士下载

图 3–13　360 安全卫士安装完成页面

图 3–14　360 安全卫士主页面

杀的对象或范围进行任意设定并查杀。

2）点击“按位置查杀”，出现“扫描区域设置”对话框，可以自定义扫描区域，如图 3-15 所示。勾选各选项前面的复选框，就可以定义需要扫描的区域。

图 3-15　扫描区域设置

3）启动查杀后，即可按照所选的查杀方式开始扫描。扫描进行中，可以点击“暂停扫描”按钮中断扫描，如图 3-16 所示。

图 3-16　扫描进行中

4）扫描完毕后，若检测到危险项，扫描结果会在页面中显示，如图 3-17 所示，选中检测到的危险项前面的复选框，点击“一键处理”按钮即可对选中的危险项进行处理。

图 3-17　扫描完成结果

5）处理完后，出现如图 3-18 所示的页面，点击“查看查杀报告”选项卡，可查看已经清除的危险项的详细信息。

图 3-18　查杀处理完成页面

（3）商品升级

360 安全卫士具有自动升级和手动升级功能，如果开启了自动升级功能，360 安全卫士就会自动升级主程序和备用木马库到最新版，自动升级完成后会通过气泡窗口提示。如果想手动进行升级，则可以点击 360 安全卫士主页面左上角的“升级更新”白色箭头，此时升级程序会连接服务器检查是否有可用更新，如果有，就会显示最新的版本号并可安装升级文件，如图 3-19 所示。

图 3–19　360 安全卫士手动升级页面

有些病毒已经驻留在系统内存中，可能清除不了，这时可以尝试在 Windows 的安全模式下清除（启动 Windows 时按 F8 键进入安全模式）。如果是引导型病毒，则需要准备系统引导盘，在 DOS 模式下清除。如果病毒将防病毒软件强制关闭了，则需要使用专业的方法手动清除。对于非专业人员来说，可能需要重新安装操作系统，再使用防病毒软件清除病毒。

二、本地文件的加密与解密技术

1. 系统自带 EFS 的加密与解密

EFS（Encrypting File System，加密文件系统）是 Windows 操作系统 NTFS 文件系统的一个组成部分，它允许在 NTFS 磁盘上对文件（夹）进行加密存储。加密作为文件（夹）的一种属性，类似于只读或隐藏等属性，能有效阻止未授权用户的物理访问和复制等操作。

EFS 采用高级标准加密算法，并与文件系统紧密结合，仅拥有正确密钥的客户才能读取加密数据，从而确保了数据的安全性。对于加密客户、被授权访问的客户以及指定的恢复代理而言，加密文件（夹）的访问是完全透明的，无须提前解密，访问方式与未加密文件（夹）无异。

（1）系统自带 EFS 的加密

每个加密文件都配备一个唯一的文件加密密钥，该密钥专门用于加密文件数据，具有自加密特性，它与用户的 EFS 证书对应的公钥形成一对密钥。同时，这个密钥还受到其他已授权解密该文件的 EFS 用户的公钥以及每个故障恢复代理的公钥的保护。

1）图形界面加密。在 NTFS 格式的计算机磁盘分区中选择要加密的文件夹，用鼠标右键点击该文件夹，从弹出的快捷菜单中选择“属性”命令。随后，在打开的“网络安全属性”对话框中选择“常规”选项卡进行后续操作，如图 3-20、图 3-21 所示。

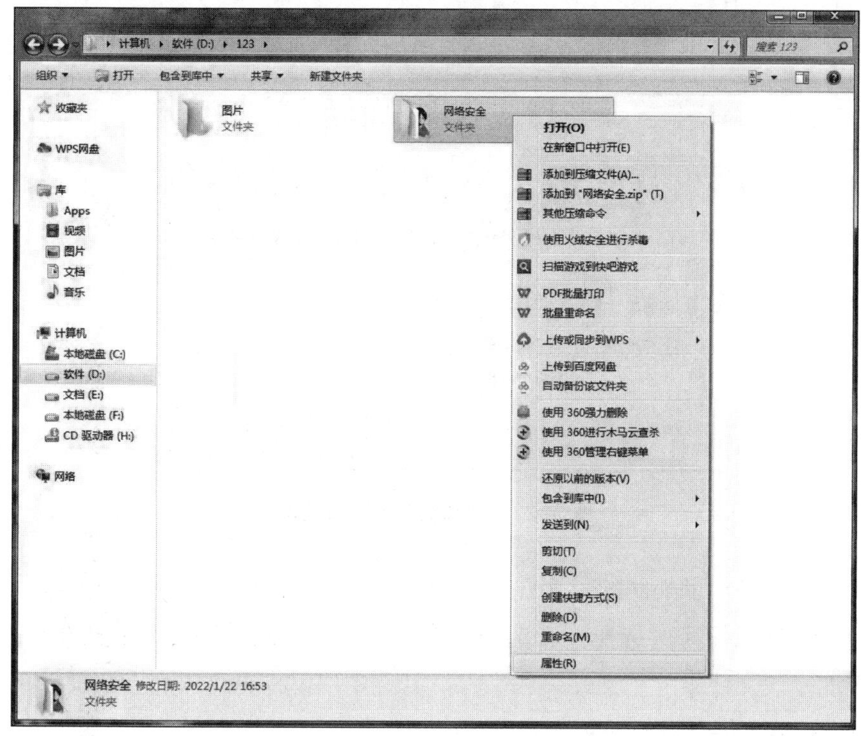

图 3-20　用鼠标右键点击要加密的文件夹

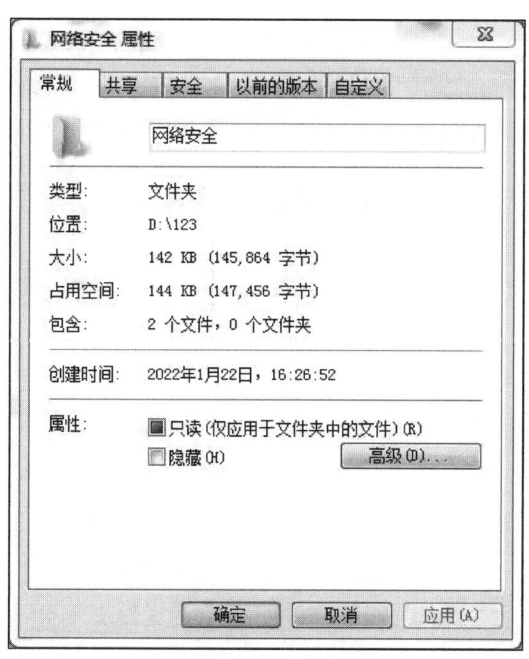

图 3-21　“常规”选项卡

点击“高级”按钮，打开“高级属性”对话框，选中“加密内容以便保护数据”复选框，点击“确定”按钮，如图 3-22 所示。

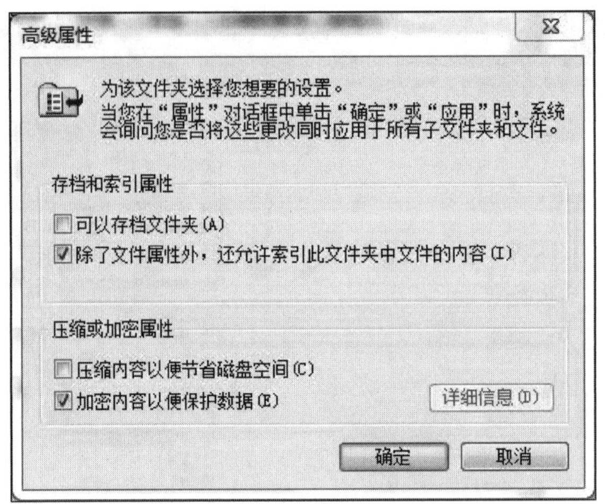

图 3-22 “高级属性”对话框

若文件夹中包含了其他的子文件，会弹出“确认属性更改”对话框，如图 3-23 所示，有两个单选按钮可供选择。若选中“将更改应用于此文件夹、子文件夹和文件”，该设置将加密该文件中的子文件夹和文件。若选中“仅将更改应用于此文件夹”，该设置将不会加密该文件夹中的子文件夹和文件。

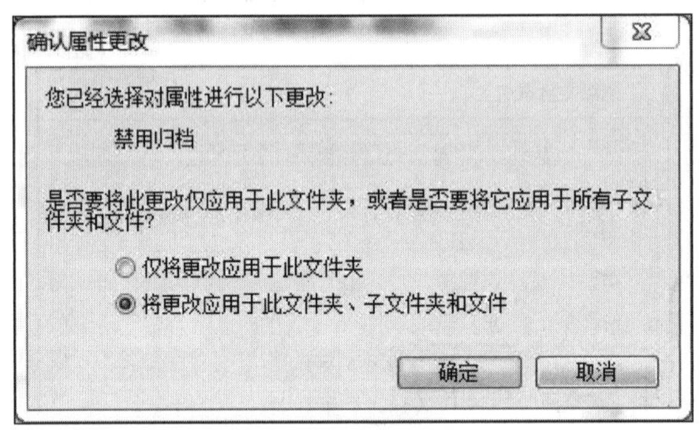

图 3-23 “确认属性更改”对话框

选择后出现“应用属性”对话框，这是加密过程，等待一段时间，加密完成，如图 3-24 所示，文件夹名称字体颜色变为绿色。

若选中要加密某文件夹中的单一文件，按上述方法加密后，会弹出“加密警告”对话框，如图 3-25 所示。若选中“加密文件及其父文件夹”，则该文件所在的父文件夹也被加密。若选中“只加密文件”，则该文件所在的父文件夹不会被加密。等待一段时间，加密完成，如图 3-26 所示，文件名称字体颜色变为绿色。

2）命令行加密。在 DOS 命令提示符下，输入 cipher/e/s：加密文件或文件夹的路径，如图 3-27 所示，加密 D 盘中的文件夹，文件夹名称为 1。

图 3–24　加密完成（1）

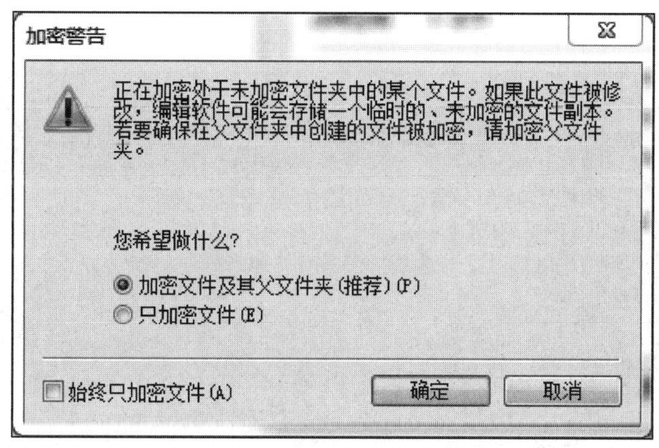

图 3–25　“加密警告”对话框

（2）系统自带 EFS 的解密

解密即对受限访问的文件（夹）进行加密属性解除操作。解密是 EFS 的一个难点，对文件（夹）进行解密，首先要对文件的加密密钥进行解密，原始加密客户、其他被授权的客户、恢复代理可以使用其自身的私钥解密文件加密密钥。这些解密用的私钥没有保存在安全账户管理器中，而是保存在受保护的密钥存储区。

1）图形界面解密。以原始加密客户的身份登录计算机系统，选中已被 EFS 加密的文件或文件夹，使用鼠标右键点击，在弹出的快捷菜单中选择“属性”命令，在打开的

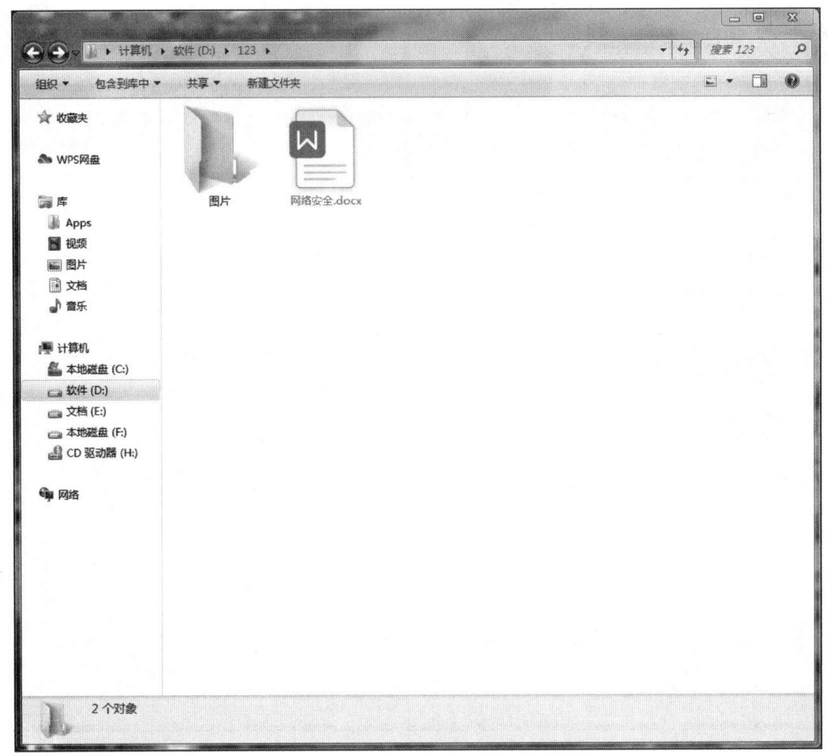

图 3–26　加密完成（2）

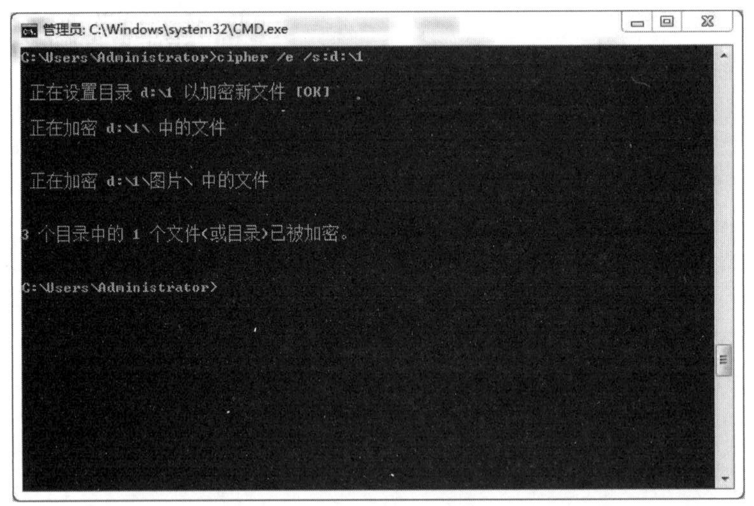

图 3–27　命令行加密

对话框中选择“常规”选项卡，点击“高级”按钮，在打开的“高级属性”对话框中，取消选中“加密内容以便保护数据”复选框，然后点击“确定”按钮；若文件夹中包含了其他的子文件，会弹出“确认属性更改”对话框。若选中“将更改应用于此文件夹、子文件夹和文件”，该设置将解密该文件中的子文件夹和文件。若选中“仅将更改应用于此文件夹”，该设置将不会解密该文件夹中的子文件夹和文件。若选中要解密的单一文件进行解密，则不会弹出“确认属性更改”对话框。

2）命令行解密。在 DOS 命令提示符下，输入 cipher/d/s：解密文件或文件夹的路径，如图 3-28 所示，解密 D 盘中的文件夹，文件夹名称为 1。

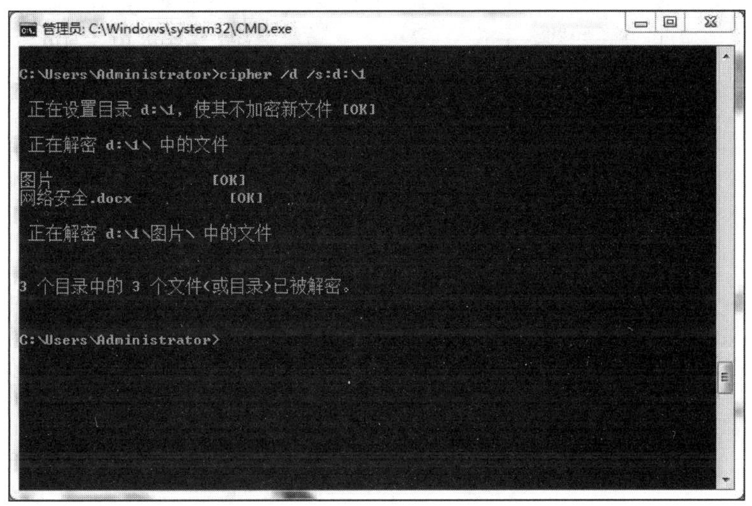

图 3-28　命令行解密

2. 压缩文件的加密与解密

在发送邮件时，信件内容可通过电子邮件编辑软件进行加密，而附件则可以用 WinZip、WinRAR 等常用的文件压缩工具进行加密。

（1）压缩文件的加密

以 WinRAR 为例，ZIP 格式支持加密功能，若要加密文件，在压缩之前必须先指定密码，或直接在压缩文件名和参数对话框中指定，具体应用如下：

1）打开 WinRAR 软件，选取被压缩的文件，选择“文件”→“设置默认密码”命令，或者按下［Ctrl+P］组合键，如图 3-29 所示。

2）此时会弹出“输入密码”对话框，如图 3-30 所示，在文本框中输入两次相同的密码，此时 WinRAR 处于加密状态，WinRAR 左下角的钥匙图标变为红色，如图 3-31 所示。

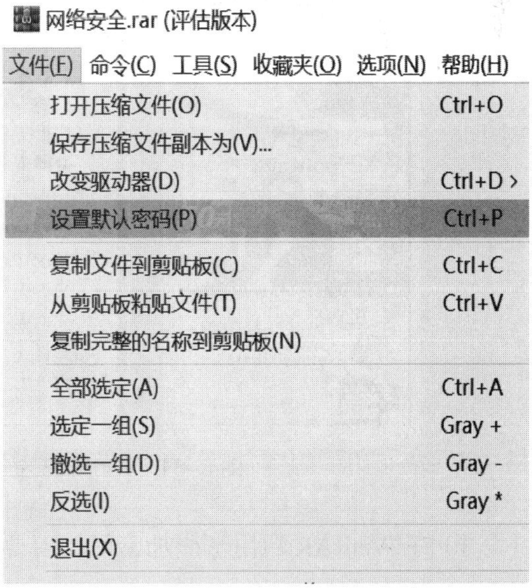

图 3-29　“文件”→“设置默认密码”命令

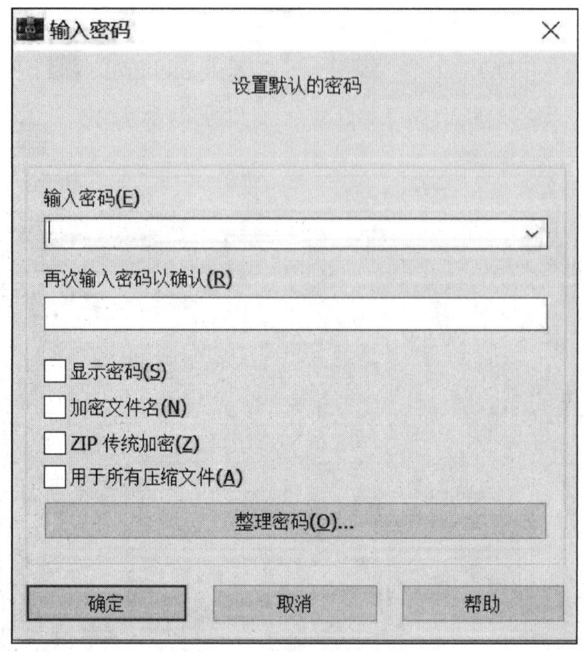

图 3–30　“输入密码”对话框

图 3–31　WinRAR 左下角的钥匙图标变为红色

3）在 WinRAR 启用密码加密时，若要加密文件，打开的加密对话框为“带密码压缩”对话框，如图 3–32 所示。

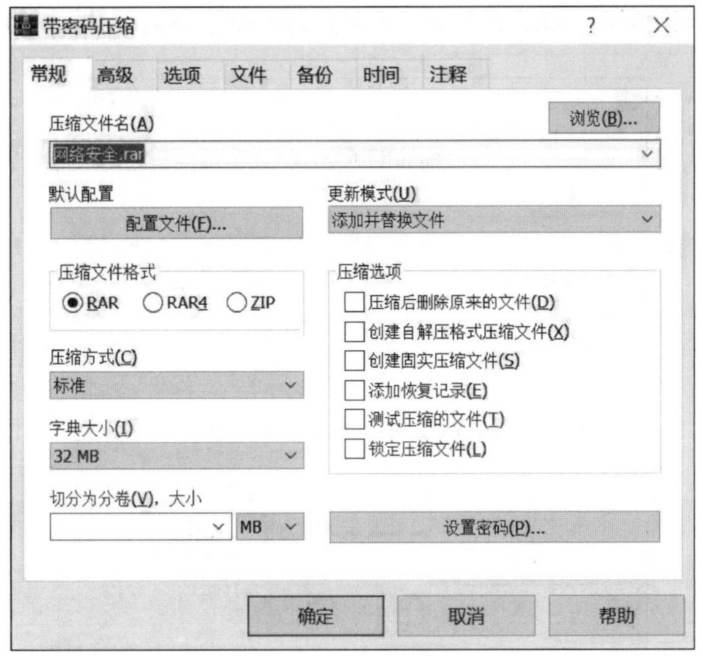

图 3-32 “带密码压缩”对话框

（2）压缩文件的解密

1）带密码压缩后，若要解压文件，必须有口令。双击已压缩的文件，打开 WinRAR，选取文件解压，则会弹出“输入密码”对话框，如图 3-33 所示。

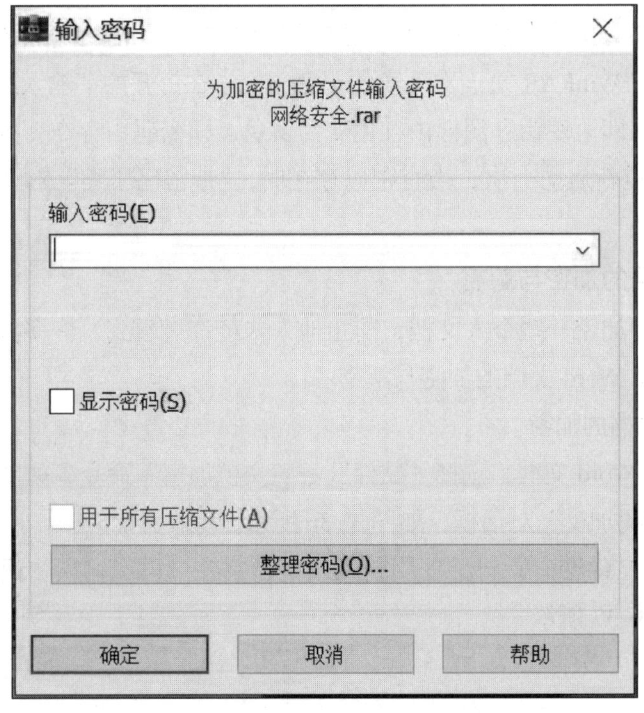

图 3-33 “输入密码”对话框

2）输入正确密码后才能正常解压，否则会提示密码错误，如图 3–34 所示。

图 3–34 提示密码错误

最好使用任意的随机组合字符和数字作为密码，并且一定要牢记，因为如果遗失密码，加密的文件将无法取出。

使用默认密码对文件进行加密后，如果不再需要加密，需将输入的密码删除。删除密码，只需要点击 WinRAR 页面左下角的钥匙图标，在打开的“输入默认密码”对话框中输入空字符串，即可使钥匙图标由红色变为黄色，即密码由存在变为不存在。也可先关闭 WinRAR 并重新启动一次，当有密码存在时，“带密码压缩”对话框的标题栏会闪烁两次。

3. Word 文档的加密与解密

有时客户需要加密一些个人文档，防止他人未经许可看到，许多办公软件都自带这个功能。下面介绍 Word 文档的加密与解密。

（1）Word 文档的加密

1）打开一个 Word 文档，选择“文件”→“文档加密”命令，如图 3–35 所示。

2）打开“密码加密”对话框，如图 3–36 所示。

3）在“打开文件密码”对话框中输入密码，并在“再次输入密码”对话框中输入相同密码，如图 3–37 所示。

首页
文件
粘贴
新建(N)
打开(O)
保存(S)
另存为(A)
输出为PDF(F)
输出为图片(G)
输出为PPTX(X)
打印(P)
分享文档(D)
文档加密(E)
备份与恢复(K)
帮助(H)
选项(L)
退出(Q)
文档加密
文档权限(U)
密码加密(P)
属性(I)...

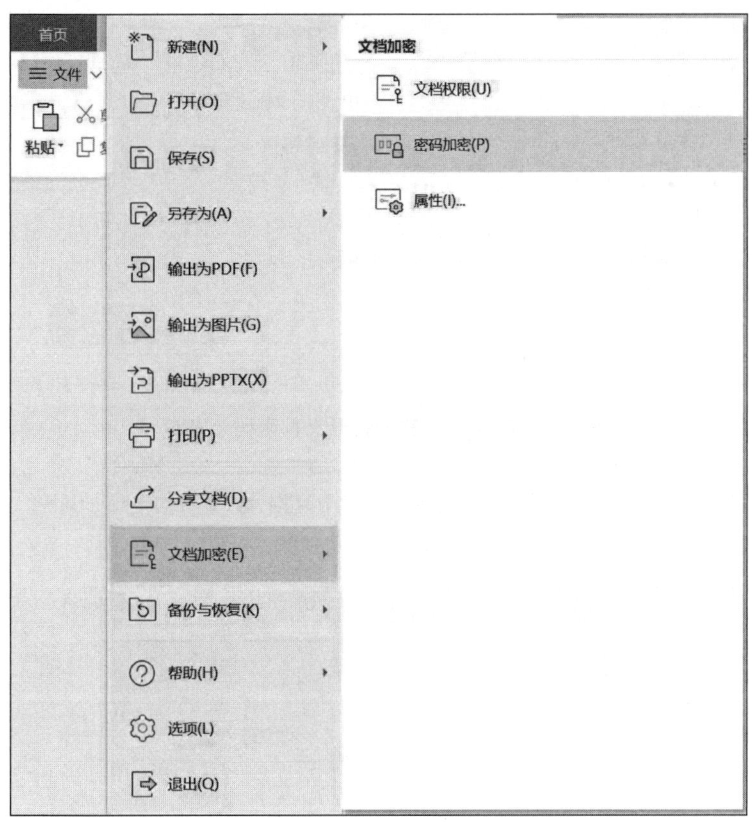

图 3–35　选择“文件”→“文档加密”命令

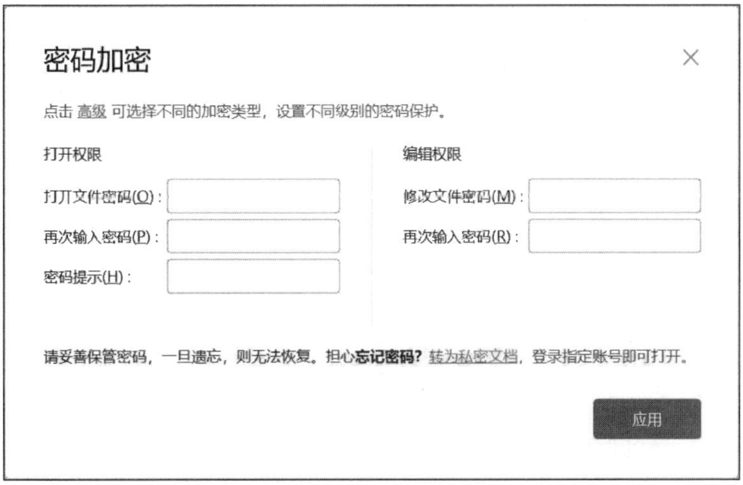

密码加密
点击 高级 可选择不同的加密类型，设置不同级别的密码保护。
打开权限
编辑权限
打开文件密码(O)：
修改文件密码(M)：
再次输入密码(P)：
再次输入密码(R)：
密码提示(H)：
请妥善保管密码，一旦遗忘，则无法恢复。担心忘记密码？转为私密文档，登录指定账号即可打开。
应用

图 3–36　“密码加密”对话框

图 3–37　输入打开文件密码

4）点击“确定”按钮，就完成了对该文档的加密。这时再打开加密的文档，会弹出要求输入密码的对话框，如图 3–38 所示。

5）正确输入密码，可正常打开加密后的文档。如果输入的密码不正确，则无法打开文档，如图 3–39 所示。

图 3–38　要求输入密码的对话框

图 3–39　如果输入的密码不正确，则无法打开文档

（2）Word 文档的解密

若要取消密码，在打开文档的前提下，点击“文件”→“文档加密”命令，打开“密码加密”对话框，取消设置的密码，点击“确定”按钮即可，如图 3–40 所示。如此设置后，再次打开文档，不再需要输入密码。

三、数字证书

在电子商务交易过程中，交易双方互不见面，如何保证信息发送方和信息接收方的真实性，如何确保交易双方对信息的认可，是必须解决的重要问题。数字证书是电子商务交易活动中常用的认证技术。

图 3–40　取消设置的密码

1. 数字证书的申请与使用

数字证书即公钥证书，它实质上是一个数据文件，其中包含了客户的身份信息、客户的公钥以及一个由可信的第三方认证机构提供的数字签名。该数字签名起到了至关重要的作用，它能够验证并确保客户公钥的真实性。

（1）数字证书的概念

数字证书与身份证、护照或驾驶证等实体证件在概念上具有相似性。身份证作为身份的证明，包含了姓名、性别、出生日期、居住地、照片和身份证号码等信息。数字证书将公钥与其持有者的真实身份绑定，类似于现实中的居民身份证。然而，与纸质证照不同，数字证书是一段包含证书持有者身份信息并经过认证中心审核签发的电子数据，包含证书颁发者的信息、证书持有者的信息、证书序列号、证书有效期、公钥、数字签名。作为关键信息的凭证，数字证书在电子商务和电子政务中的应用更为便捷灵活。需要注意的是，数字证书必须由一个可信的实体（即认证机构）签发。

（2）数字证书的功能

数字证书包含诸多数字和英文字符。在进行身份认证时，它会随机生成一个 128 位的身份码。每一份数字证书均能产生独特的、每次均不相同的身份码，类似于生成了一个复杂的密码，这确保了数据传输过程中的保密性。

各种数字证书的状态和成本是不同的，随用途而变。例如：客户的数字证书可能只用于加密消息，而不用于签名消息；而商家建立联机购物网站时则可能使用高价数字证书，涉及许多功能。

1）加密和签名。由于数字证书可以用来分发公钥，因此可以利用数字证书中的公钥和其对应的私钥对要传送的信息进行加密和签名，其主要步骤与公钥密码体制中的加密和签名方法类似。

2）进行身份认证。数字证书不仅实现了客户身份和客户公钥的绑定，实际上还将客户身份和数字证书绑定在一起（这就是能用数字证书进行身份认证的原因）。因为数字证书中的主体身份信息被认证机构用私钥签名了，任何人都不能更改，因此如果某人能证明这张数字证书是自己的，就能将数字证书作为其身份证明。

从根本上说，数字证书是一种基于客户拥有某种物品的身份认证方式，只不过这种物品是虚拟的物品。

（3）数字证书的安装与使用

很多电子商务活动都要求客户使用数字证书。例如，支付宝网站、银行网银系统等都会要求客户安装个人数字证书，从而使网站可以根据数字证书识别客户的身份，提高交易或支付活动的安全性。

下面以中国农业银行的数字证书为例，介绍数字证书的安装与使用。

1）下载安装。数字证书的安装非常简单，只需打开中国农业银行网上银行主页，点击“安全专区”→“个人证书下载”，选择持有的证书介质类型后，点击“下载”，系统将会自动安装所有程序，如图 3–41 所示。安装完毕后，根据提示重新启动系统后即可使用。

图 3–41 “个人证书下载”页面

2）证书更新。目前中国农业银行的证书使用有效期为 2 年。证书临近到期时，需要进行证书更新。证书还没有过期的情况下，可在到期前一个月内登录网上银行自助更新，更新后的证书有效期将自动延长 2 年（到期前一个月前更新证书的并不增加有效期）。

更新方法为：进入中国农业银行官网，选择“个人网上银行”页面左下方的“证书下载”，如图 3-42 所示。进入页面后，根据提示就可以完成证书的更新，如图 3-43 所示。

图 3-42 “证书下载”页面

图 3-43 “证书下载 / 更新”页面

2. 服务器证书的安装与使用

在 Windows 2003 等服务器版本的操作系统中，有一个“证书服务”组件，该组件提供了让客户申请、发放、撤销和管理数字证书的功能，实质上是一个认证机构服务器软件。

（1）服务器证书服务组件的安装

在 Windows 2003 系统中，“证书服务”组件默认是没有安装的，需要手动安装。安装步骤如下：

1）依次选择“开始”→“设置”→“控制面板”→“添加 / 删除程序”命令。

2）在“添加 / 删除程序”面板中点击“添加 / 删除 Windows 组件”，就会弹出如图 3–44 所示的“Windows 组件向导”对话框，选择“证书服务”复选框。

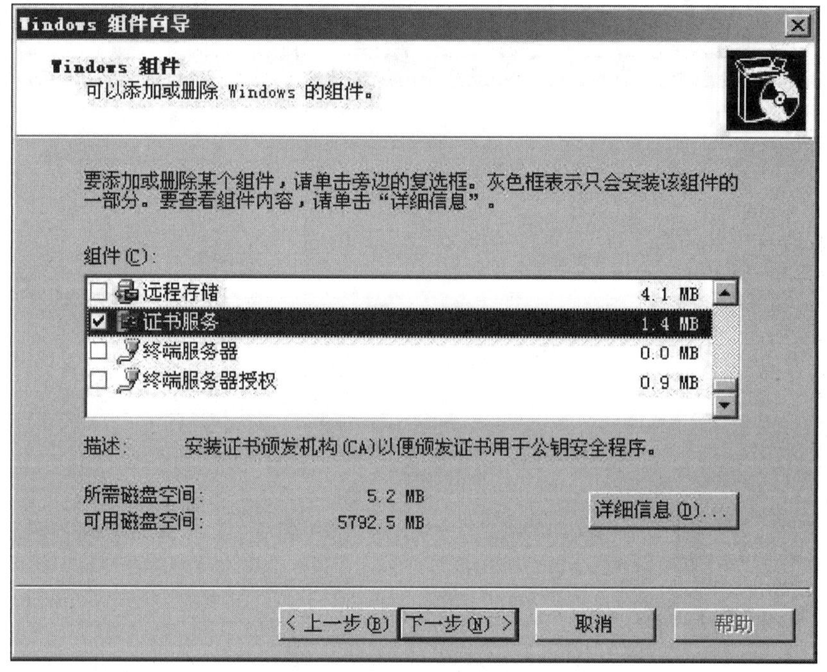

图 3–44 “Windows 组件向导”对话框

3）点击“下一步”按钮，这时会弹出一个消息框，提示“安装证书服务后，计算机名和域成员身份都不能更改……”，点击“确定”按钮，就会开始安装“证书服务”组件。

4）首先要选择认证机构类型，如图 3–45 所示。有 4 种认证机构类型可选，如果要安装为没有从属关系的认证机构，则可以选择“企业根”或“独立根”单选按钮。

5）如果在图 3–45 所示对话框中选择了“用自定义设置生成密钥对和 CA 证书”复选框，就会出现如图 3–46 所示的“公钥 / 私钥对”对话框。如果要用该认证机构颁发服务器数字证书，则密钥长度建议设为 2 048 位；如果要用该认证机构颁发其他个人数

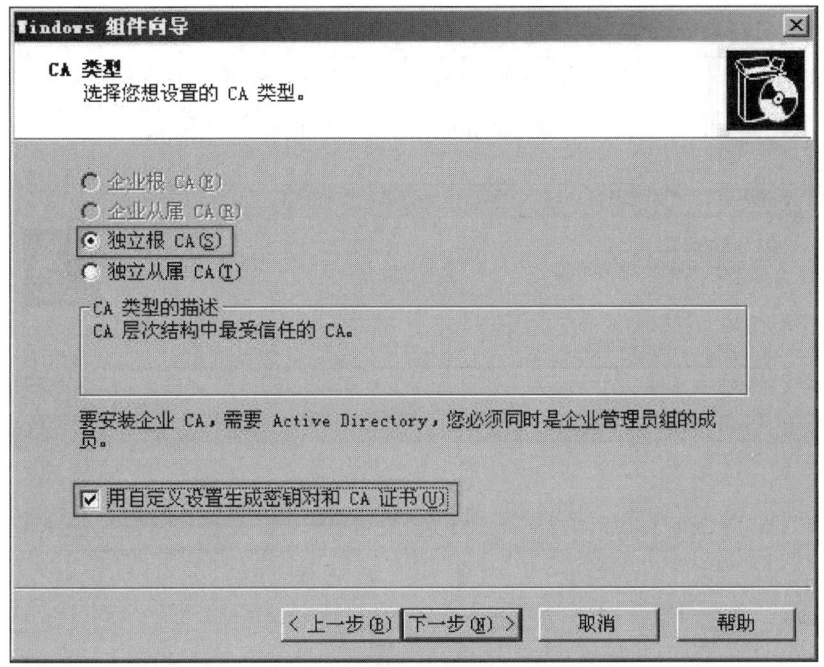

图 3-45　选择认证机构类型

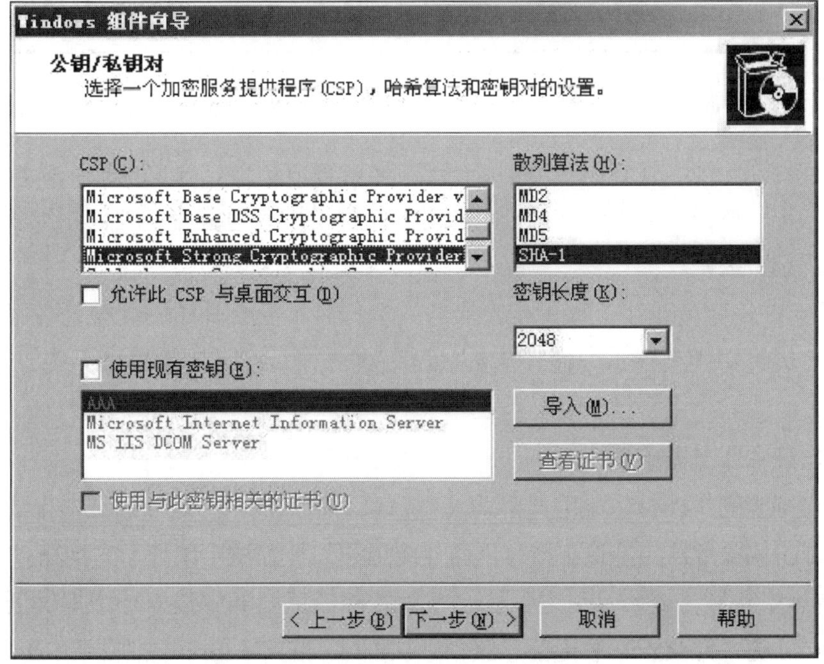

图 3-46　“公钥 / 私钥对”对话框

字证书，则密钥长度可设为 1 024 位。如果选择了“使用现有密钥”复选框，就可以使用互联网信息服务生成的密钥对。

6）接下来输入认证机构识别信息，如图 3-47 所示。认证机构的公用名称可任意命名，而可分辨名称必须符合相关格式规范。在这一步还可以设置根认证机构的有效期限，这个有效期限至少要比根认证机构的从属认证机构有效期限长。

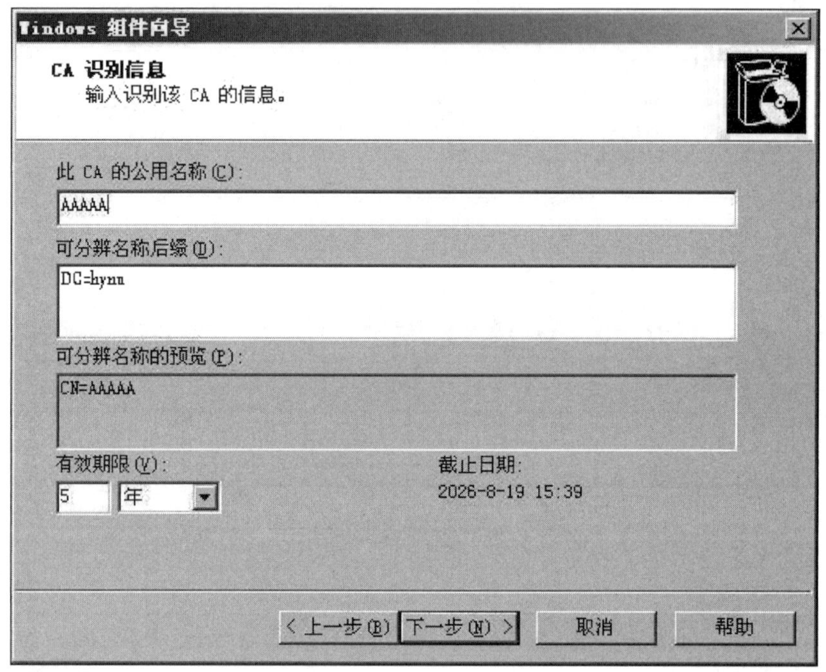

图 3-47　输入认证机构识别信息

7）点击“下一步”按钮，出现证书数据库设置对话框，在此保持默认值即可。再点击“下一步”按钮，会提示在“证书服务”组件的安装过程中需要停止互联网信息服务，点击“是”按钮。

8）系统在确定停止了互联网信息服务的运行后，便会开始安装与证书服务器相关的组件。安装过程中会提示要插入 Windows 安装光盘，插入光盘即可完成“证书服务”组件的安装。

（2）向证书服务器申请证书

要向安装好的认证机构服务器申请证书，有两种方法：一是使用证书申请向导，二是通过认证机构服务器的网页申请。下面介绍用第二种方法申请证书的步骤。

1）认证机构服务器安装好之后，会在互联网信息服务中建立一个提供证书服务的网站（该网站的文件位于互联网信息服务默认网站下的 CertSrv 虚拟目录中）。在浏览器地址栏中输入认证机构网址，就可以打开如图 3-48 所示的证书服务网站首页。

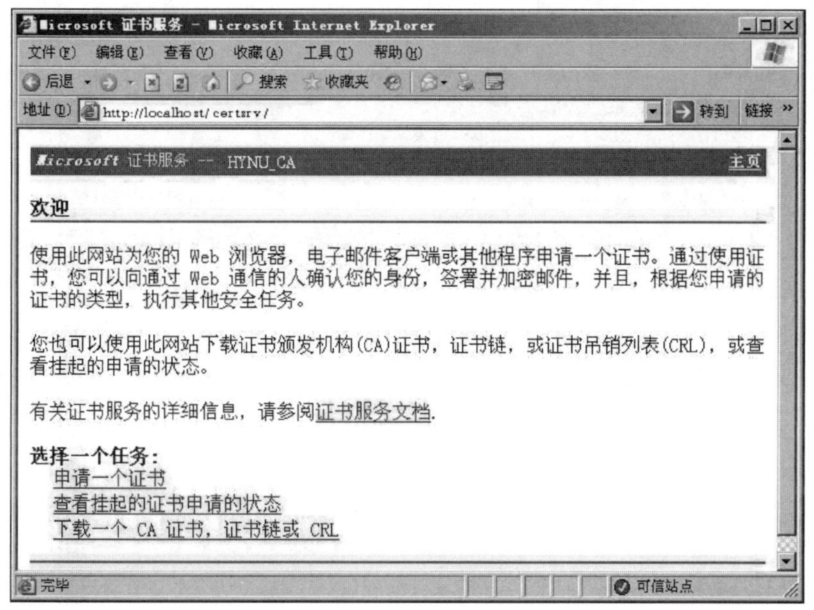

图 3-48　证书服务网站首页

2）点击“申请一个证书”链接，在证书申请页面中，选择“Web 浏览器证书”，将转到如图 3-49 所示的页面。“姓名”是必填项，其他为选填项，但由于认证机构服务器的管理员是根据申请人的详细信息决定是否颁发证书的，所以尽量逐项填写，并且填写真实信息，认证机构管理员会验证申请人的真实信息，然后颁发证书。需注意的一点是，“国家（地区）”需用国际代码填写，CN 代表中国。如果想查看更多选项，可点击“更多选项”，最后向认证机构提交证书申请。

（3）证书的颁发与吊销

认证机构收到客户的证书申请后，就可以颁发证书了（即把证书申请转化为证书）。管理员在认证机构中为客户颁发证书的方法如下：

1）选择“开始”→“程序”→“管理工具”→“证书颁发机构”命令，将打开如图 3-50 所示的“证书颁发机构”窗口。选择“挂起的申请”，在右侧就可以看见刚才提交的证书申请。选中并用鼠标右键单击证书申请，在快捷菜单中选择“所有任务”→“颁发”命令。

2）选择“颁发的证书”，可以看到刚申请的证书已经出现在认证机构的证书列表中了。

3）下载并安装证书。认证机构颁发证书后，客户还需要将证书下载到本机并安装才能使用。返回如图 3-48 所示的证书服务网站首页，点击“查看挂起的证书申请的状态”链接，可以看到“证书已经颁发”页面，点击该页面中的“安装此证书”链接，系统提示客户证书已经安装成功。

4）下载认证机构的证书。返回如图 3-48 所示的证书服务网站首页，点击“下载一

Microsoft 证书服务 - Microsoft Internet Explorer

文件(F) 编辑(E) 查看(V) 收藏(A) 工具(T) 帮助(H)

后退 搜索 收藏夹

地址(D) http://localhost/ certsrv / certrqbi.asp 转到 链接

Microsoft 证书服务 -- AAAAA 主页

Web 浏览器证书 - 识别信息

要完成您的证书，在下面的框中输入要求的信息。

姓名:

电子邮件:

公司:

部门:

市/县:

省:

国家(地区): CN

更多选项:

选择一个加密服务提供程序:

CSP: Microsoft Enhanced Cryptographic Provider v1.0

☑ 启用强私钥保护

申请格式: ⊙ CMC ○ PKCS10

如果您需要一个未在此处列出的高级选项，请使用"高级证书申请"窗体。

提交 >

可信站点

图 3-49 Web 浏览器证书申请页面

图 3-50 "证书颁发机构"窗口

个 CA 证书，证书链或 CRL”链接，点击“下载认证机构证书”链接就可以将认证机构的证书下载到本机了。

思考与练习

1. 计算机病毒防范技术主要包括哪些方面？
2. 什么是数字证书？
3. 简述对本地文件进行加密的基本步骤。
4. 如何更新数字证书？

项目四　直播电商与短视频电商

学习单元 1　直播电商

学习目标

知识目标

1. 了解直播电商的定义与优势
2. 熟悉直播电商的发展历史与现状

技能目标

1. 能分析直播电商的商业模式和盈利模式
2. 能列举直播电商的成功案例，并能分析思考

导语

直播电商是一种新兴的电子商务模式，它融合直播技术于商品销售中。主播在直播中展示并介绍商品，与观众实时互动、答疑解惑，推动商品销售。相较于传统电子商务，直播电商更显真实、直观，有助于观众更深入地了解商品特质，提升购买决策的准确性。此外，直播电商高度的互动性和社交性也优化了观众的购物体验，并增强了他们的忠诚度。在移动互联网技术进步的推动下，直播电商已成为电子商务的重要组成部分，为客户带来便捷的购物体验，同时也为商家提供了高效的营销策略。

思考：直播电商模式对电商发展会有什么样的影响？

一、直播电商概述

1. 直播电商的优势

直播电商是一种新兴的电子商务模式，它通过直播技术将商品展示、购买和交流等环节集中在一起。相比传统的电子商务模式，直播电商具有以下优势。

（1）交互性强

直播电商可以让客户与卖家实时互动，了解商品细节，提升购买决策的准确性。

（2）真实性强

直播电商的商品展示更加真实、直观，客户可以更准确地了解商品质量和特点，降低购买风险。

（3）社交性强

直播电商可以借助社交媒体平台进行推广，通过分享、点赞、评论等方式增强客户与卖家之间的互动，提高品牌知名度和客户黏性。

（4）转化率高

直播电商的实时互动和真实展示可以提升客户对商品的信任度，提高转化率，降低退货率。

总之，直播电商是一种高效、便捷、实时的电子商务模式，具有传统电子商务无法比拟的优势，正逐渐成为电子商务发展的新趋势。各种平台的直播页面如图 4–1 所示。

淘宝直播页面

京东直播页面

抖音直播页面

图 4–1　各种平台的直播页面

2. 直播电商的发展历程与现状

直播电商在我国的发展历程可以追溯到 2016 年，这一年被视为直播电商的元年。图 4–2 所示为全国网上零售额及同比增长率，可以看出，自 2016 年以后，直播电商在我国迅速崭露头角，成为各大电商平台和商家竞相布局的领域。

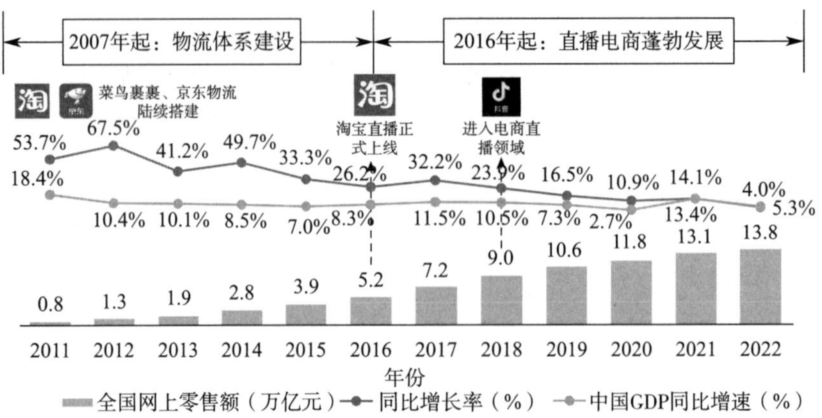

图 4–2　全国网上零售额及同比增长率

2020 年开始，国家陆续出台政策鼓励直播电商行业发展，注重培育直播人才，鼓励直播走向下沉市场，同时加强行业规范，保障行业健康发展，如图 4–3 所示。

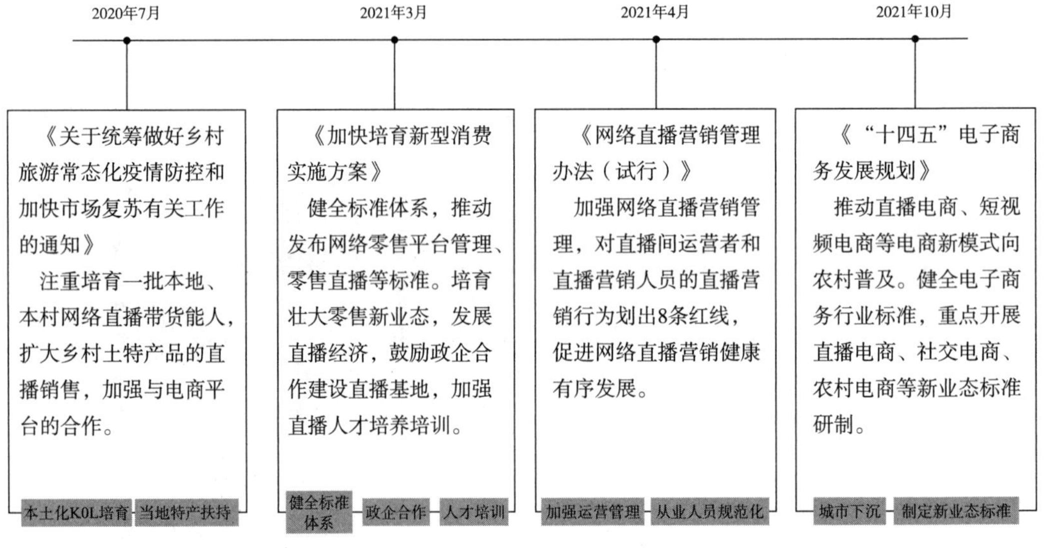

图 4–3　直播电商行业相关政策

截至 2023 年，直播电商在我国的发展已呈现出以下几个特点。

（1）市场规模不断扩大

相关数据显示，我国直播电商市场规模逐年攀升，参与直播带货的商家和主播数量急剧增长，直播电商的客户群体也日益庞大。

（2）行业竞争激烈

直播电商行业吸引了众多平台、商家和主播的加入，竞争愈发激烈，尤其是头部平台和主播之间的竞争更是白热化。

（3）内容多样化

直播电商不再局限于传统的商品展示和销售，而是向更多领域拓展，如美食、旅游、教育等，直播内容更加丰富多样。

（4）技术驱动创新

直播电商开始运用人工智能、大数据、物联网等先进技术，提升直播质量和客户体验，实现精准营销。

（5）监管政策跟进

随着直播电商行业的快速发展，监管部门也逐步加强对直播电商的监管，规范市场秩序，保障客户权益。

3. 直播电商行业的趋势与挑战

（1）直播电商行业的趋势

1）行业整合。随着市场竞争的加剧，部分小型直播电商平台将面临淘汰，而大型电商平台将进一步拓展直播业务，实现行业整合。

2）精细化运营。直播电商将从简单的价格战转向精细化运营，注重客户体验和商品质量，实现可持续发展。

3）跨界合作。直播电商将寻求与其他领域的跨界合作，如短视频、社交媒体、实体产业等，实现资源共享和共同发展。

4）社交电商崛起。直播电商将更加注重社交属性，通过社交网络和社群运营，提高客户黏性和转化率。

5）直播电商国际化。随着我国电商市场的不断扩大，直播电商将逐步向国际市场拓展，吸引更多海外客户。

（2）直播电商行业的挑战

1）诚信问题。部分直播电商存在虚假宣传、夸大商品优点等现象，损害客户权益，影响行业声誉。

2）商品质量。部分直播电商平台对商品质量把控不严，导致客户购买到劣质商品。

3）监管难题。直播电商行业的快速发展给监管部门带来较大压力，如何有效监管市场秩序和保障客户权益成为一大挑战。

4）人才短缺。直播电商行业对人才的需求越来越高，对直播主播、运营、技术等岗位的需求尤为迫切。

5）竞争激烈。直播电商行业竞争日益加剧，如何在激烈的竞争中脱颖而出，实现可持续发展，成为行业面临的难题。

总之，直播电商行业在未来的发展过程中，既存在巨大的机遇，也面临着诸多挑战。行业参与者需要不断创新、提升自身核心竞争力，应对不断变化的市场环境。

二、直播电商的商业模式

1. 直播电商的商业模式类型

直播电商的商业模式类型主要包括以下几种。

（1）广告变现

主播在直播过程中为商家植入广告，通过广告主的赞助和支持实现盈利。

（2）商品销售佣金

主播在直播中推荐商品，并根据销售额的一定比例抽取佣金，这是直播电商最主要的商业模式。

（3）会员服务

主播可以通过提供会员服务，如独家内容、优先权益等，吸引“粉丝”付费。

（4）直播带货

主播与商家合作直播带货，通过销售商品获取佣金。

（5）品牌代言

主播凭借高人气和影响力，成为品牌的代言人，获取代言费用。

（6）直播教学

主播可以提供专业知识、技能培训等直播教学服务，吸引学员付费。

（7）活动策划

主播可以参与策划并主持各类活动，如线上晚会、品牌活动等，获取活动策划费用。

这些商业模式相互补充，形成了直播电商的盈利链条。在未来的发展中，直播电商将不断探索和创新商业模式，满足市场和客户的需求。

2. 直播电商的商业模式解析

直播电商融合了直播和电子商务的商业模式，通过直播技术向客户展示商品，并引导客户购买。在解析直播电商的商业模式时主要分析以下几个方面。

（1）“粉丝”经济

直播电商依托于庞大的“粉丝”群体，实现商品的推广和销售。主播通过自身魅力、专业知识和互动体验，吸引“粉丝”关注和购买。

（2）直播带货

直播带货是直播电商的核心形式。主播在直播过程中，以热情、风趣、幽默的方式讲解商品，引导客户购买。客户可通过直播间的互动功能，与主播交流，向主播提问，还可以发表评论。在互动过程中，主播可以及时回复问题、解答疑惑，消除客户的购买顾虑，提高购买的成功率。

（3）供应链优化

直播电商整合优质供应链资源，为客户提供物美价廉的商品。主播可以根据“粉丝”需求，挑选并推荐具有竞争力的商品。

（4）商品陈列

在直播电商中，主播需要通过展示商品，让客户对商品有直观的了解。因此，商品陈列也是直播电商模式中必不可少的一环。不仅要让客户看到商品本身的特点和优势，还要让客户看到商品的使用场景、搭配效果等。

（5）精准营销

直播电商借助大数据和人工智能技术，可以精准地为客户画像并进行个性化推荐，提升商品的转化率和客户的购买体验。

（6）社交传播

直播电商利用社交媒体平台，实现主播与“粉丝”、“粉丝”与“粉丝”之间的互动，通过分享、点赞、评论等行为，扩大商品的传播范围。

（7）品牌塑造

直播电商助力商家和主播打造品牌形象，提升品牌知名度和美誉度。同时，直播电商也为新兴品牌提供了一个展示和推广的平台。

（8）嵌入直播的电商平台

如淘宝、京东等平台，将直播变为电商的一部分。这些平台本身就自备巨大的流量，通过自带的流量带动直播，等到直播流量稳定之后，又可以反过来带动电商平台发展，从而打造流量的闭环。这些平台通常通过平台主播、明星带货，推广一些性价比高的商品，快速达到促销的目的，甚至还有可能将其打造为爆款商品。

（9）嵌入直播的短视频平台

如抖音、快手等短视频平台，也开展直播带货，有些直播也会挂上相关商品的购买链接，但都会在直播结束之后下架购买链接。在短视频平台“种草”的过程中，客户往往也希望主播能够挂上商品购买链接，节省购买时间。然而，想要在短视频平台直播带货，首先要做好内容引流。

总的来说，直播电商商业模式的核心在于通过直播互动提高商品销售转化率，利用直播的展示功能提升客户对商品的认知和购买意愿。同时，直播电商的商业模式融合了“粉丝”经济、供应链优化、精准营销、社交传播、品牌塑造等多种元素，形成了一个完整的商业闭环。最后，各平台也需要根据自身特点进行流量引导和转化。

3. 直播电商的盈利模式分析

直播电商的盈利模式主要可以分为以下几个方面。

（1）商品销售佣金

直播电商平台通常会与商家合作，以佣金的形式获取商品销售的分成。主播在直播过程中推荐商品，每售出一件商品，主播和平台就能获得一定比例的佣金，这是直播电商最主要的盈利模式。

（2）广告收入

直播电商平台或主播可以通过为商家提供广告位或植入广告获取广告收入。广告形式包括直播间内的横幅、视频贴片、主播口播等。

（3）礼物打赏

观众可以在直播过程中给主播送礼物，这些礼物可以兑换成现金收入。部分平台会从中抽取一定的手续费，作为平台的盈利来源。

（4）会员服务

部分直播电商平台会提供会员服务，会员可以享受更多优惠和特权，如优先购买、专属折扣等。平台可以通过会员服务费和会员专属商品利润盈利。

（5）活动收入

直播电商平台会定期举办各类活动，如直播带货大赛、限时抢购等。活动期间，平台和主播可以通过销售参赛资格、活动奖品等途径获得收入。

（6）数据分析服务

直播电商积累了大量客户数据和销售数据，平台可以为企业提供数据分析服务，帮助企业优化商品策略、提升销售效果，从而获取服务收入。

（7）品牌合作

知名主播和平台可以与品牌合作，如代言、定制商品等。这种方式既能提升品牌知名度，也能为平台带来合作收入。

（8）金融服务

部分直播电商平台会提供金融服务，如分期付款、贷款等。平台可以通过金融服务费和利息收入实现盈利。

总之，直播电商的盈利模式多元化，既包括商品销售佣金，也包括广告、会员服务、活动收入等。随着直播电商市场的不断扩大，未来盈利模式还将不断丰富和创新。然而，直播电商在盈利的同时，也需要面对监管、诚信、竞争等多方面的挑战。因此，直播电商要在激烈的市场竞争中脱颖而出，实现可持续发展，关键在于不断创新、提升核心竞争力，并严格把控各个环节，确保客户体验。

三、直播电商的技术实现

1. 直播电商的技术架构

直播电商的技术架构主要包括以下几个方面。

（1）直播技术

直播技术是直播电商的核心，主要包括视频直播、音频直播、实时互动等技术。直播平台需要具备高性能、低延迟、高稳定性的直播技术，确保客户的观看体验。

（2）电商平台集成

直播电商需要将直播技术与电商平台进行集成，实现直播带货的功能。这需要电商平台提供应用程序编程接口，与直播平台进行数据交互，实现商品展示、购买、支付等环节的顺畅流转。

（3）数据分析与推荐

直播电商平台需具备大数据分析能力，通过分析客户行为、购买记录、观看习惯等数据，为客户推荐个性化的直播内容和商品，提高客户黏性和购买转化率。

（4）智能仓储与物流

直播电商平台需要建立智能仓储和物流体系，实现商品的快速、准确配送，通过物联网技术、仓储自动化技术等，提高物流效率，降低物流成本。

（5）客户互动与社交

直播电商平台需要提供丰富的互动方式，如弹幕、点赞、评论等，增强客户之间的社交互动。此外，平台还可以通过社群运营、朋友圈分享等方式，提高客户的活跃度和传播力。

（6）安全与合规

直播电商平台需要确保客户数据和交易安全，采取严格的安全措施和技术手段，防范网络攻击和欺诈行为。同时，平台还应遵守国家相关法律法规，合规经营。

（7）营销推广

直播电商平台可运用各种营销手段和工具，如优惠券、限时抢购、积分兑换等，刺激客户购买，并通过搜索引擎优化、社交媒体推广等方式，提高平台的知名度和流量。

（8）金融服务

直播电商平台可与金融机构合作，提供分期付款、贷款等金融服务，降低客户的购买门槛，提高购买意愿。

2. 直播电商的关键技术分析

（1）直播技术

直播技术作为直播电商的核心，其性能和稳定性直接影响客户体验。未来直播技术的发展将更加注重以下几个方面：

1）高清画质。随着网络带宽的不断提升，客户对直播画质的要求也越来越高。直播平台需要不断提升视频处理技术，为客户提供更高清、更稳定的直播画面。

2）低延迟直播。低延迟直播对于直播电商至关重要，因为它直接影响客户的购买体验。未来直播技术将致力于降低延迟，提高直播的实时性。

3）互动体验。直播电商需要提供更丰富的互动体验，如实时弹幕、点赞、评论等，增强客户之间的社交互动。

（2）人工智能技术

人工智能技术在直播电商领域的应用将进一步拓展，主要包括以下几个方面：

1）智能客服。利用人工智能技术，实现客服自动化、智能化，提高服务质量和效率。

2）语音识别与语义了解。通过人工智能技术，实现直播间的语音识别和语义了解，为客户提供更便捷的沟通方式。

3）商品推荐。利用大数据分析和人工智能技术，为客户推荐个性化商品，提高购买转化率。

（3）数据分析与挖掘技术

直播电商平台需要具备强大的数据分析与挖掘能力，了解客户需求，优化运营策略。主要应用方向包括：

1）客户行为分析。通过分析客户观看时长、点击率、购买行为等数据，了解客户喜好，提高客户黏性。

2）商品推荐系统。基于客户购买记录、浏览记录等数据，构建商品推荐系统，实现精准营销。

（4）区块链技术

区块链技术在直播电商领域的应用有望解决信任问题，保障交易安全，提高数据的真实性和可追溯性。主要应用方向包括：

1）交易安全。利用区块链技术的去中心化、不可篡改等特点，保障客户交易安全。

2）供应链管理。通过区块链技术，实现供应链的透明化管理，保证商品的真实性和质量。

（5）物联网技术

物联网技术在直播电商领域的应用主要体现在仓储、物流等环节。主要应用方向包括：

1）智能仓储。利用物联网技术，实现仓库的自动化管理，提高库存管理效率。

2）无人配送。通过物联网技术，实现无人配送车辆、无人机等新型物流方式的运用，提高配送效率。

（6）安全与合规技术

随着网络安全威胁不断升级，直播电商平台需要更先进的安全技术保护客户数据和隐私。主要方向包括：

1）数据加密。利用先进的加密技术，保护客户数据的安全性。

2）网络安全。通过防火墙、入侵检测等系统，防范网络攻击和欺诈行为。

直播电商的技术发展趋势和关键技术创新将不断推动行业向前发展。直播电商平台需要紧跟技术发展趋势，不断提升自身核心竞争力，应对激烈的市场竞争和不断变化的客户需求。同时，技术创新也将为直播电商带来更优质、便捷的购物体验，为行业的持续发展注入强大动力。

四、直播电商的营销策略

1. 直播电商的营销策略概述

直播电商的营销策略需要紧紧围绕其核心优势——实时互动，以及客户的购物需求和体验，具体包括以下几个方面。

（1）主播打造

主播是直播电商的核心，其个人魅力、专业知识和互动能力直接影响客户的购买决策。因此，打造具有吸引力和专业性的主播团队是直播电商营销策略的重要一环。这包括选拔具有潜力的主播，提供专业培训，以及设定明确的职责和考核指标等。

（2）内容创新

内容是直播电商吸引和留住客户的关键。直播平台需要不断创新内容形式，如引入趣味互动、情景剧、真人秀等，提高客户的观看兴趣和购买欲望。

（3）精准营销

通过大数据分析和客户画像，为客户推荐个性化直播内容和商品，提高购买转化率。同时，利用客户行为数据，制定精准的营销活动和推广策略。

（4）社群运营

建立和运营直播电商社群，鼓励客户参与互动，增强客户黏性。通过举办线上活动、互动问答、积分奖励等方式，提高客户活跃度和忠诚度。

（5）合作与联盟

与其他直播电商、品牌商、供应链企业等建立合作关系，实现资源共享，扩大品牌影响力和市场份额。例如，与知名主播、明星等合作，举办联合直播活动，提高平台知名度。

2. 直播电商的营销案例

（1）美妆直播电商

美妆直播电商可以通过直播教学、商品试用、互动问答等形式，吸引客户关注，同时，可以根据客户需求，推荐针对性商品，如护肤教程、化妆技巧等。此外，美妆直播电商还可以策划限时抢购、赠品抽奖等活动，提高购买转化率。

（2）家居直播电商

家居直播电商可以通过直播展示家居场景、装修技巧等，让客户更直观地了解商品。同时，主播可以提供购买建议和搭配方案，帮助客户做出购买决策。此外，家居直播电商还可以推出限时优惠、满减活动等，刺激客户消费。

（3）美食直播电商

美食直播电商可以通过直播烹饪教程、介绍食材等，激发客户对美食的欲望。主播可以分享美食制作技巧、食材选购建议等，提高客户满意度。同时，美食直播电商还可以通过发放优惠券、限时抢购等方式，吸引客户购买。

直播电商的营销策略应注重主播打造、内容创新、精准营销、社群运营等方面，以提高客户黏性和购买转化率。同时，通过合作与联盟，扩大品牌影响力和市场份额。直播电商企业应不断调整和优化营销策略，应对市场竞争和客户需求的变化。

五、直播电商的未来趋势

1. 直播电商的发展趋势预测

随着互联网技术的不断发展和普及，直播电商在我国取得了迅猛发展，成为电商市场的一大亮点。展望未来，直播电商的发展趋势可从以下几个方面进行预测。

（1）行业规模持续扩大

随着更多企业和客户认识到直播电商的优势，行业规模将进一步扩大，预计未来几年直播电商市场规模将持续保持高速增长。

（2）直播内容多样化

为满足不同客户群体的需求，直播内容将更加多样化，包括美食、教育、旅游、娱乐等领域，直播电商将呈现出跨界融合的特点。

（3）技术驱动创新

未来直播电商将更加注重技术创新，如运用人工智能、大数据、物联网等技术优化直播流程，提升客户体验。

（4）直播电商供应链升级

随着直播电商行业的竞争加剧，供应链的升级将成为企业竞争的关键。企业将通过优化供应链管理提高商品品质和物流速度，提升客户满意度。

（5）主播角色专业化

随着行业的发展，主播角色将更加专业化，需要具备丰富的知识储备、优秀的沟通能力和营销技巧，以提高客户黏性和购买转化率。

（6）监管政策不断完善

随着直播电商行业的快速发展，监管部门将逐步完善相关法规，规范行业秩序，保障客户权益。

（7）社交电商与直播电商融合发展

社交电商与直播电商具有天然的互补性，未来两者将实现融合发展，为客户提供更加丰富和个性化的购物体验。

（8）国际化发展

随着我国直播电商行业的成熟，将有一部分优秀企业走向国际化，开拓海外市场，将中国优质的商品和服务推向世界。

2. 直播电商的挑战与应对策略

（1）直播电商的挑战

1）竞争加剧。直播电商行业竞争日益激烈，企业应不断创新和优化自身的商品、服务及营销策略，提升市场竞争力。

2）客户需求多样化。客户对直播电商的期待不断提高，企业应不断挖掘客户需求，提供更个性化的购物体验。

3）主播资源紧张。优质主播资源紧张，企业应加强对主播的培养和选拔，提高直播质量。

4）监管压力。直播电商行业面临严格的监管环境，企业应合规经营，确保商品质量和服务水平。

5）数据安全与隐私保护。在直播电商的运营过程中，数据安全与客户隐私保护成为重要挑战，企业应加强数据安全管理，保障客户信息安全。

（2）直播电商的应对策略

1）加强技术创新，提升直播电商平台的竞争力。

2）深化与供应链企业的合作，优化供应链管理，提高商品品质。

3）培养和引进优秀主播，提升直播质量。

4）关注行业政策动态，合规经营，确保企业稳健发展。

5）提高数据安全管理水平，保护客户隐私，提升客户信任度。

总之，直播电商行业在未来发展中，既面临着巨大的机遇，也面临着诸多挑战。企业应不断创新和优化自身的业务模式，应对市场竞争和客户需求的变化，实现可持续发展。

3. 直播电商对未来商业模式的影响

直播电商的崛起是对传统电商销售模式的革新，并对未来商业模式产生了深远影响，具体表现在以下几个方面。

（1）跨界融合趋势显现

直播电商消融了行业边界，实现了与娱乐、教育、旅游等行业的跨界结合，创造出多元化的直播内容，从而满足了客户的多元需求。这种融合为未来商业模式带来了无尽的创新空间。

（2）去中心化特征日益明显

直播电商拉近了商家与客户的距离，使客户能更直接地获取商品信息，从而弱化了传统电商的中心化地位，推动了商业模式的去中心化进程。

（3）个性化定制成为可能

直播电商能依据客户的偏好和需求，推荐定制化的商品与服务，这有助于企业精准洞察客户需求，并提升客户满意度。未来，个性化定制将成为商业模式的常态。

（4）社交属性日益突出

直播电商通过主播与“粉丝”的互动，构建了稳固的社交关系，这不仅提升了客户的忠诚度，也推动了商品的销售。未来，融入社交元素的商业模式将更受欢迎。

（5）下沉市场得到拓展

直播电商借助互联网技术打破了地域限制，有效拓展了农村和中小城市市场，为商业模式的未来发展提供了广阔的空间，同时也有助于促进乡村振兴和消费升级。

（6）绿色环保理念得到重视

相较于传统线下销售，直播电商具有更低的能耗和环境污染，符合绿色环保的发展趋势。

（7）线上线下融合成为趋势

直播电商将线上流量引入线下实体店，实现了线上线下的融合发展，这种融合将为未来商业模式带来新的机遇，推动企业实现全渠道布局。

总的来说，直播电商对未来商业模式产生了深远影响。未来，商业模式将朝着多元化、个性化、绿色环保的方向发展，并实现线上线下的深度融合，满足客户的多样化需求。同时，企业需要不断创新和优化自身的业务模式，适应市场竞争和客户需求的变化，实现可持续发展。

思考与练习

1. 直播电商的优势有哪些？
2. 分析说明直播电商的商业模式和盈利模式。
3. 列举你熟悉的直播电商成功案例，并分析其成功的原因。

学习单元 2　短视频电商

学习目标

知识目标

1. 了解短视频市场的发展和特点
2. 熟悉短视频电商的优势

技能目标

1. 能制定短视频电商的策略和方案
2. 能列举并分析短视频电商的成功案例

短视频电商作为一种新兴的电子商务模式，通过抖音、快手等短视频平台，采用短视频的形式进行品牌推广和销售推动。短视频形式通过精练的内容，高效地传递品牌价值，精准地吸引目标受众，从而实现高效的传播和精确的客户定位。借助视觉冲击力和故事性的吸引，短视频电商能够触发客户的情感共鸣，提升其参与感，进一步加强品牌与客户之间的互动。此外，它强调在短时间内传达核心信息，并注重创意和内容的吸引力，利用社交媒体的分享和推荐功能，使信息的传播更为广泛。同时，短视频电商也十分重视数据分析和客户反馈，以此不断优化营销策略，从而更好地满足客户需求，并提升营销效果。现如今，短视频电商已成为品牌推广的关键手段，它不仅有效提升了品牌的知名度，也显著增强了客户对品牌的信赖和忠诚度。

思考：短视频电商为传统营销带来哪些变革？短视频电商未来的发展趋势如何？

一、短视频市场的发展和特点

短视频市场的崛起与发展，与移动互联网的广泛普及和移动通信技术的迅猛进步密不可分。企业可借助短视频这一媒介，充分展示商品或服务的独特卖点和优势，从而激发潜在客户的兴趣和购买意愿。同时，高质量的短视频还能帮助客户更深入地了解企业的商品和服务，进而提升销售业绩。

1. 短视频市场的发展

（1）移动互联网与移动通信技术的进步

移动互联网的广泛普及和移动通信技术的迅速发展，使得人们能够通过手机等便携设备随时随地上传与观看短视频，为短视频市场的发展奠定了技术基础。

（2）短视频平台的快速兴起

以抖音、快手为代表的短视频平台异军突起，借助先进的算法和个性化推荐技术，为客户提供量身打造短视频内容，从而成功吸引了庞大的客户群体。

（3）客户需求的演变

随着生活品质的提升和消费观念的更新，客户对娱乐和社交方式的需求也在不断变化。短视频凭借其简洁、生动、有趣的特点，恰好满足了客户日益多样化的需求，逐渐成为了新的流行文化趋势。

（4）产业链的日趋成熟

短视频行业的产业链日益完善，涵盖了内容创作、平台运营、广告投放、用户变现等多个环节。越来越多的资本注入和人才加入，为短视频市场的蓬勃发展注入了新的活力。

（5）政府的扶持政策

政府在文化产业方面给予了大力扶持，为短视频市场的繁荣发展提供了有利的政策环境。

综上所述，短视频市场的兴起和繁荣是移动互联网技术进步、客户需求变化、产业链不断成熟以及政府政策支持等多重因素共同推动的结果。展望未来，随着第五代移动通信技术等前沿技术的广泛应用，短视频市场有望继续保持迅猛发展的势头。

2. 短视频电商的特点

随着移动互联网和智能手机的广泛普及，诸如抖音、快手等短视频平台已崛起为热门的精准广告投放媒介。这些平台利用简短的视频内容进行营销推广，并展现出以下显著特征。

（1）内容精练

短视频因时长短暂，能够迅速聚焦受众目光，高效地传递信息。

（2）表现直观

通过视觉与听觉的结合，短视频帮助观众更直观地了解并接纳所推广的商品或服务。

（3）情感共鸣

短视频能引发观众强烈的情感共鸣，从而产生深刻的记忆和品牌认同。

（4）高度互动

在短视频平台上，用户可以轻松进行点赞、评论和分享等操作，这极大地增强了营销活动的传播力度。

（5）迎合年轻受众

短视频的趣味性深受年轻人喜爱，为品牌吸引年轻客户群体提供了有力支持。

二、短视频电商的优势

1. 短视频电商相较于传统电商的优势

短视频电商是指通过短视频平台发布富有创意与吸引力的视频内容，以此吸引目标受众的关注并激发他们的兴趣，最终实现商品或服务的销售。这种营销方式相较于传统电商的优势体现在以下方面。

（1）传播效率高

由于短视频平台客户基础广泛且信息传播迅速，因此能够在极短的时间内将内容传递给大量受众。借助恰当的营销手段，企业可快速提升品牌的知名度和美誉度。

（2）展示方式新颖

短视频能直观、动态地展现商品或服务的独特之处和优势，使客户更易于了解和接受。创新的展示手法有助于企业在激烈的市场竞争中脱颖而出，抓住客户的注意力。

（3）互动功能强大

短视频平台提供丰富的互动选项，如点赞、评论和分享，使客户能与企业实时互动。这种互动机制不仅增强了客户的参与感和忠诚度，还为企业提供了了解客户需求和反馈的窗口，以便针对性地优化商品和服务。

（4）成本效益高

相较于传统的营销手段，短视频电商的运营成本更低。企业可自主制作短视频进行宣传，从而节省大量的广告投入。

（5）目标定位精准

借助数据分析和客户行为研究，企业能更准确地锁定目标市场，并制定符合该市场特点的营销策略。这种精确的市场定位有助于提升营销效果，同时降低不必要的成本支出。

综上所述，短视频电商作为一种新兴的营销手段，具有广泛的应用潜力和明显的优势。企业应结合自身的市场定位和需求，制定有效的营销策略，并充分利用短视频平台的各项优势，提升品牌竞争力，推动销售业绩的增长。

2. 短视频电商在品牌推广、商品销售等方面的具体优势

短视频电商在品牌推广与商品销售两大方面表现出明显优势。

（1）品牌推广

1）迅速提升品牌知名度。借助短视频平台广泛的客户基础，企业通过发布引人入胜的视频内容，能快速聚焦客户目光，从而显著提升品牌的知名度。

2）全面塑造品牌形象。短视频能多维度展示企业的整体形象、商品特性与服务品质，使客户对企业有更深入的了解，进而强化品牌形象。

3）有效提升品牌美誉度。企业可根据客户的反馈及时调整和优化商品与服务，以此提升品牌的口碑和美誉度。

（2）商品销售

1）大幅提升转化率。短视频能直观地突显商品的优势与特点，激发客户的购买意愿，进而提高销售转化率。

2）拓宽销售渠道。短视频平台可成为企业新的销售窗口，通过提供线上购买链接或引导至官网等方式，开拓新的销售渠道，助力销售业绩的提升。

3）显著降低营销成本。相较于传统的广告投放，短视频电商不仅成本更低，还能通过客户的自发分享，扩大营销活动的覆盖面和影响力，从而有效降低整体的营销成本。

总而言之，短视频电商在品牌推广与商品销售上展现出显著优势，可助力企业提升品牌的知名度、美誉度及销售额。随着移动互联网的深入普及和客户需求的不断演变，短视频电商有望成为未来营销领域的重要发展趋势。

三、短视频电商的营销策略

1. 短视频电商的策划

短视频电商策划是一种有效的营销策略，可以帮助企业或品牌在短视频平台上吸引目标受众，提高知名度，增强品牌影响力。短视频电商策划应注意以下几个方面。

（1）确定目标受众

在策划短视频电商之前，需要明确目标受众，这样才能更好地针对目标受众制作和发布短视频。

（2）创意策划

短视频电商的创意策划是关键，需要思考如何通过短视频内容、视觉效果、音频设计等方面展现品牌或商品的特点，同时吸引目标受众的注意力。

（3）短视频制作

制作短视频需要专业的技能和设备，以及专业的制作团队，确保短视频的质量和效果。

（4）发布与推广

短视频制作完成后，需要选择合适的平台发布，并通过社交媒体、搜索引擎等渠道进行推广，同时也需要制订相应的营销计划，如优惠活动、合作推广等。

（5）数据分析与优化

短视频发布一段时间后，需要分析播放量、点赞数、评论数等数据，了解目标受众的反应和喜好，以便对短视频进行优化和改进。

总之，短视频电商策划需要结合品牌或商品的特点，针对目标受众进行创意策划和制作，并在发布和推广过程中持续优化和改进。

2. 短视频电商的定位

短视频电商的定位需要考虑商业定位、人设定位和内容定位这三个方面。

（1）商业定位

商业定位需要考虑目标受众、市场趋势、竞争对手、商品或服务的特性，以及营销策略等。例如，短视频电商可以选择官方补贴、流量分成、广告变现、电商带货、直播打赏、平台签约、知识付费、IP（知识产权）衍生等不同的商业定位。

（2）人设定位

人设定位是建立在使用者画像基础上的，包括年龄、性别、职业、收入水平、教育程度、兴趣爱好等，以确定品牌或商品的目标受众，并制定相应的营销策略。

（3）内容定位

内容定位是短视频电商的核心，包括短视频主题、视觉效果、语言风格等。在确定内容定位时，需要结合目标受众的需求和兴趣，以及品牌或商品的特点，制定有吸引力和差异化的内容策略。

3. 短视频电商的数据监测与优化

（1）常见短视频电商数据监测指标

短视频电商数据监测对于短视频平台和内容创作者来说都是非常重要的。利用短视频平台提供的数据分析工具，可以具体监测以下数据指标。

1）客户活跃度。这是衡量短视频平台受欢迎程度的重要指标之一。通过监测客户活跃度，可以了解客户在平台上的停留时间、每日使用频率以及客户互动情况等信息。

2）短视频观看次数和时长。这两个指标可以用来评估短视频内容的质量和吸引力。通过分析这些数据，可以了解哪些类型的短视频更受欢迎，哪些部分需要改进等。

3）点赞数和评论数。这些数据可以反映客户对短视频内容的满意度和反馈。点赞数和评论数增加可以表明短视频内容的质量和吸引力在提高。

4）转发数。转发数是指客户将短视频分享给其他客户的次数。这个指标可以评估短视频内容的影响力和传播效果。

5）弹幕数和弹幕内容。弹幕数是指客户在短视频上发送的评论数量，弹幕内容则反映了客户对短视频内容的看法和反馈。通过分析这些数据，可以了解客户的兴趣和需求，从而优化短视频内容。

6）竞争对手分析。了解竞争对手的短视频内容和表现形式，可以帮助制定自己的短视频策略，提高竞争力和吸引力。

7）关键词搜索和分析。通过分析客户搜索的关键词，可以了解客户的需求和兴趣，从而优化短视频内容和策略。

具体的指标可能会因平台、内容类型和目标而有所不同，需要根据实际情况进行选择和调整。

（2）短视频电商的优化

短视频电商的优化要根据数据反馈，及时地调整短视频内容和传播策略，针对客户喜好，优化内容细节，提高短视频的吸引力。短视频电商优化可以从以下几个方面入手。

1）优化短视频主题和内容。根据目标受众和品牌特点，优化短视频的主题和内容。可以结合时下热点、社会事件、历史文化等内容进行优化，吸引客户的关注和讨论；也可以在短视频中加入适当的情绪刺激，如愉悦、幽默、感动等元素，增加客户的观看时间和互动率。

2）优化封面和标题。短视频的封面和标题是吸引客户点击的关键因素。要制作有吸引力的封面和标题，可以加入关键词、品牌标识、热门话题等元素，提高短视频的点击率和观看率。

3）优化短视频发布时间和频率。根据目标受众的生活习惯和上网时间，选择合适的发布时间，提高短视频的曝光率。同时，要注意控制发布频率，避免过度推送对客户造成困扰。

4）优化推广渠道。将短视频分享到各大社交媒体平台，增加曝光率和传播效果。可以通过与意见领袖合作、发起话题讨论等方式，扩大短视频的影响力和传播范围。

4. 短视频电商“粉丝”互动与经营

（1）常见的“粉丝”互动方式

1）关注。客户可以关注喜欢的短视频作者，及时获取该作者最新的短视频动态，并且可以在关注列表中随时回顾该作者的历史视频。

2）点赞。客户可以对喜欢的短视频点赞，表达认可和支持，同时也可以在点赞列表中回顾自己点赞过的短视频。

3）评论。客户可以在短视频下方留言评论，表达自己的看法和感受，与其他客户交流。短视频作者也可以回复评论，与“粉丝”互动交流。

4）转发。客户可以将喜欢的短视频转发到自己的社交媒体上，让更多的人看到，同时也可以在转发时附加自己的评论或感想。

5）私信。客户可以通过私信功能，向短视频发布者或其他客户发送私密信息，进行更深入的交流和互动。

通过这些“粉丝”互动方式，短视频作者可以更好地了解“粉丝”的需求和反馈，不断优化短视频内容和质量；同时也可以通过与“粉丝”的互动交流，增加客户的黏性和活跃度，提高客户的参与感和归属感。

（2）“粉丝”经营的关键要点

1）打造独特的风格。在众多短视频中，拥有独特风格的短视频往往更能吸引客户的注意力。短视频作者可以通过观察其他受欢迎的创作者，学习他们的优点，并在此基础上探索出属于自己的个性化内容。

2）及时回复和互动。当“粉丝”留言或评论时，及时回复能够让他们感受到被关注和认可，从而增加“粉丝”黏性。短视频作者可以制作一些短视频表达对“粉丝”的感激之情，或者发送一些折扣券、赠品等表达感谢，以此促进客户转化率。此外，短视频作者还可以通过与其他创作者合作、发起一些有趣的活动等方式吸引更多的关注。

3）定期更新。短视频平台的客户非常注重更新频率，如果账号长期不更新，很容易被忘记。因此，短视频作者需要定期制作和发布新的内容，保证关注者能够看到账户的最新动态。同时，短视频作者还可以制作一些系列短视频，让“粉丝”期待下一个作品。

4）培养“粉丝”群体。短视频作者可以通过推送一些精彩的短视频、参加一些有趣的话题互动、分享一些精彩经历、邀请其他人关注账号等方式，让更多的人发现并关注账号，吸引更多的“粉丝”。

四、短视频电商的案例分析

1. 小米手机

小米手机在短视频电商方面采取了一系列策略，包括借助抖音等平台进行流量种草、激发客户参与内容创作，以及利用短视频的特殊形式进行品牌植入等。

首先，小米手机在抖音等平台上积极开展流量种草活动，深度预热造势。小米官方旗舰店在抖音拥有近千万“粉丝”关注，通过发布大量与商品相关的短视频，高效圈定目标客户。此外，小米手机还采用了官方宣传片、深度测评内容、新品发布会切片、主播情景剧引流直播间等内容种草方式。这些方式有助于在新品发布前广泛造势，吸引潜在客户关注。

其次，小米手机也鼓励客户参与内容创作，借助短视频这一载体，将商品融入到创意中。例如，一些客户可能会制作一些与小米手机相关的短视频，通过客户原创内容模式对小米手机的品牌营销起到强有力的曝光作用。

最后，小米手机还利用短视频的特殊形式进行品牌植入。短视频电商的角色不再局限于传统的“品牌”或“代言人”的范畴，也可以是话题的发起者、参与者等。这种方式的植入能够做到更加自然和隐性，给品牌留下了广阔的营销发挥空间。

2. 完美日记化妆品

完美日记是一家国内新兴的化妆品品牌，该品牌在短视频平台上开展了一系列创新的营销活动，营销效果显著。

首先，明确市场目标。完美日记主要针对年轻女性市场，特别是90后和00后，这与抖音和哔哩哔哩的客户群体高度契合。因此，在抖音和哔哩哔哩这两个平台上进行营销，可以精准地触达目标受众。

其次，在短视频内容方面进行创新。完美日记在抖音上的短视频内容包括新品宣传预热、妆容展示、剧情小视频等，这些内容形式既满足了客户的娱乐需求，又有效地展示了商品的特点和优势。而完美日记在哔哩哔哩上的内容则主要针对00后客户，以轻松搞笑的方式展示商品，这也符合哔哩哔哩的客户喜好。

再次，精准选择投放策略。完美日记与美妆达人合作，利用其在抖音上的影响力，推荐完美日记的商品。这种合作方式不仅增加了商品的曝光度，而且提高了商品的销售转化率。

最后，重视社交互动。完美日记充分利用抖音和哔哩哔哩的社交功能与客户互动。例如，完美日记鼓励客户在抖音上发布使用完美日记商品的短视频，并在哔哩哔哩上开展一些有趣的互动活动，以此提高客户的参与度和忠诚度。

3. 故宫博物院文创

故宫博物院利用短视频等新媒体渠道打造热门IP，引发人们对故宫文化的浓厚兴趣。随后，故宫博物院推出千里江山系列、清明上河图系列等文创商品和有趣又不失雅致的网店周边，用精致的设计和接地气的策划赢得了大众的关注和喜爱，拉近了故宫博物院与大众的距离。

这些短视频通过运用创新的手法和角度，将传统文化与现代元素相结合，成功地吸引了人们的关注和喜爱。同时，这些短视频也为故宫博物院带来了更多的曝光和关注，进一步提升了故宫博物院的品牌价值和影响力。

故宫博物院短视频电商的成功，不仅展示了故宫博物院在文化传承和创新方面的实力和成果，也为其他博物馆和文化遗产保护机构提供了有益的借鉴和参考。

思考与练习

1. 短视频电商的特点有哪些?
2. 短视频电商相较于传统电商有哪些优势?
3. 制定短视频电商策略需要注意哪些问题?
4. 列举你熟悉的短视频电商成功案例，并分析其成功的原因。

项目五 移动电子商务

学习单元1 初识移动电子商务

学习目标

知识目标

1. 了解移动电子商务的发展历史及现状
2. 掌握移动电子商务的概念与特征

技能目标

1. 能阐述移动电子商务的应用类型
2. 能阐述移动电子商务的发展趋势
3. 能阐述移动电子商务的安全问题

导语

移动电子商务简称移动电商，是指利用智能手机、平板电脑等便携设备开展的电子商务交易活动。作为电子商务的一个重要分支，移动电子商务充分发挥了移动设备的便携与普及优势，从而将电子商务的便利与高效深入融合到人们的日常生活中。得益于智能手机的广泛普及和移动互联网的迅猛发展，移动电子商务迅速崛起，并已成为电子商务领域的核心组成部分。客户越来越倾向于使用手机完成购物、支付及社交等多种活动。移动电子商务的流行不仅重塑了客户的购物习惯，更推动了传统电商向移动平台的战略转移。

思考：移动电子商务对比传统电子商务有哪些优势？

一、移动电子商务的发展历程及现状

移动电子商务的发展可分为四个阶段。第一阶段是基于短信的访问技术，被视为第一代移动商务系统，但实时性较差，信息长度受限。第二阶段采用无线应用通信协议技术，手机可通过浏览器访问无线应用通信协议网页查询信息，但交互能力差，存在安全隐患。第三阶段的电子商务以 B2B 为主体，进入稳定发展期。第四阶段随着移动通信技术的兴起，电子商务进入新时代。

目前，移动电子商务正展现出强劲的发展势头。移动互联网的广泛普及与技术的持续进步，极大地丰富了移动电子商务的应用场景，并推动了市场规模的持续扩张。

首先，智能手机、平板电脑等移动设备的广泛普及，为移动电子商务的迅猛发展奠定了坚实基础。人们越来越倾向于使用手机进行购物、支付和社交等活动，这一趋势极大地推动了移动电子商务的快速增长。

其次，移动支付的广泛应用，如支付宝、微信支付等第三方支付平台，为移动电子商务的交易提供了极大的便利，进一步促进了其发展。

此外，移动社交的崛起也为移动电子商务带来了新的发展机遇。微信、微博等社交平台的流行，不仅丰富了人们的社交生活，也为商家提供了更多的营销渠道。

在技术领域，人工智能和大数据等先进技术的不断发展，使得移动电子商务能够提供更为智能化的推荐和服务。同时，这些技术也帮助商家更准确地洞察客户需求和市场趋势，为商业决策提供了有力的数据支持。

综上所述，移动电子商务正处于蓬勃发展的阶段，市场规模不断扩大，应用场景日益丰富。展望未来，随着技术的不断进步和客户需求的持续变化，移动电子商务将继续保持创新与发展的活力。

二、移动电子商务的概念与特征

1. 移动电子商务的概念

移动电子商务是从电子商务的概念中衍生出来的。传统电子商务主要以个人计算机为载体，属于有线电子商务，而移动电子商务则通过智能手机、平板电脑等便携终端实现，不受时间和地点限制。移动电子商务结合了因特网、移动通信、短距离通信等多种技术，支持 B2B、B2C、C2C 及 O2O 等多种电子商务模式，使人们能随时随地进行商贸活动，包括线上线下的购物交易、电子支付，以及各类商务、金融和相关综合服务。

2. 移动电子商务的特征

移动电子商务的特征主要包括以下几个方面。

（1）实时性

移动终端可以随身携带，使得移动电子商务具有实时性，客户可以在任何时间、任何地点进行商务活动。

（2）灵活性

移动电子商务不仅可以在移动状态下进行，还可以在旅行、开会、社交等场合进行信息查询、商务交易，以及对信息、服务和商品的价值交换等活动。服务付费可通过多种方式进行，以满足不同客户需求，可采用直接转入银行、客户电话账单扣费或在客户预付账户上借记等方式。

（3）多样性

移动电子商务不仅能向互联网客户提供直接购物服务，还全面支持移动业务，可实现电信、信息、媒体和娱乐服务等的移动电子支付。

（4）便捷性

移动电子商务操作简便，客户可以快速完成浏览、比较、选择、下单、支付等操作。

（5）针对性

移动电子商务可以根据客户的需求和偏好，提供针对性的服务和商品推荐。

（6）安全性

移动电子商务采用多种安全措施和技术手段，确保客户隐私信息和交易数据的安全。

（7）社交性

移动电子商务可以与社交网络相结合，让客户在购物的同时，也能与朋友、家人保持联系，分享购物体验和商品信息。

三、移动电子商务的应用类型

1. 移动购物

移动电子商务的崛起使得移动购物成为人们生活的常态。通过手机应用，如拼多多、淘宝等，客户可享受线上线下融合的购物体验，便捷比价、查阅商品评价，并参与各类优惠活动。

2. 移动支付

移动支付是移动电子商务的核心环节，它允许客户通过手机完成支付，摆脱传统支付方式的限制。支付宝、微信等支付工具支持线上线下多种支付场景，因其安全与便捷性而受到广泛认可。

3. 移动出行

移动出行应用如滴滴、美团等，提供了一站式的出行服务，包括机票和火车票预订、酒店住宿预订、实时出行信息查询等，显著提升了人们的出行体验。

4. 移动教育

移动教育应用如作业帮、百度文库等，为客户提供了丰富的学习资源和互动学习环境，使学习更加灵活有趣。

5. 移动医疗

移动医疗应用为客户提供了全新的医疗服务方式，包括预约挂号、在线问诊、检查报告查看等，有效缓解了看病难题，并提升了医疗服务质量。

6. 移动办公

移动办公应用如企业微信、钉钉等，实现了远程工作处理和跨地域协作，大大提高了工作效率，并推动了企业管理的现代化。

随着移动设备和移动互联网技术的不断进步，移动电子商务将持续改变人们的生活与工作方式，为社会带来更大的便利和价值。同时，第五代移动通信技术、物联网等新技术的推广将进一步推动移动电子商务的创新发展，助力经济社会的数字化转型。

思考与练习

1. 移动电子商务发展分为几个阶段?
2. 移动电子商务有哪些特征?
3. 思考讨论移动电子商务应用类型的使用情况。

学习单元 2　移动电子商务价值链与商业模式

学习目标

知识目标

1. 了解移动电子商务价值链的概念
2. 掌握移动电子商务价值链的构成要素

技能目标

1. 能阐述移动电子商务价值链的关键环节
2. 能阐述移动电子商务的商业模式

移动电子商务价值链是涵盖移动设备、移动网络、移动支付、移动营销、移动应用等多个环节的商业生态系统。它以智能手机和移动互联网为基础，通过提供便捷的在线交易、营销推广、客户服务等，实现价值的创造和传递。移动电子商务价值链的每个环节都相互依赖，共同推动整个价值链的发展。随着移动互联网的普及和技术的进步，移动电子商务的价值链将继续扩展和深化，为客户和企业带来更多便利和价值。

思考：移动电子商务价值链衍生出哪些新的商业模式和商业价值？

一、移动电子商务价值链概述

1. 移动电子商务价值链的概念

价值链是指从原材料供应商到最终客户之间，创造和交付商品或服务的所有活动网络。这些活动分为主要活动和支持活动。主要活动包括内部物流、生产、外部物流、销售和服务等，而支持活动则包括采购、技术开发、人力资源管理和企业基础设施建设等。此外，价值链的概念也可以扩展到整个产业链，强调企业之间的互动和协同，以及全球化环境下价值链整合的重要性。

移动电子商务价值链是从价值链概念进一步衍生催化出来的，是指由移动网络运营商、移动电子商务应用服务提供商、支付服务机构、物流企业、移动终端制造商、供应商、客户等共同打造的一个创造价值的动态过程。在这个价值链中，各个参与方通过对信息的不断加工，如收集、整理、分类、储存、传输、交换等过程，向客户提供信息，实现信息的价值增值。参与者可以包括个人客户、商业客户等。

2. 移动电子商务价值链的构成要素

移动电子商务价值链主要由以下要素构成。

（1）移动设备制造商

负责提供智能手机、平板电脑等移动设备，为客户访问电子商务网站奠定硬件基础。

（2）移动网络提供商

负责提供移动通信网络和互联网连接服务，确保客户能在稳定的网络环境下购物。

（3）电子商务平台开发商

负责开发移动应用、移动网站等电子商务平台，旨在为客户提供便捷的购物体验。

（4）支付服务提供商

负责提供移动支付、信用卡支付等多种支付方式，保障客户的交易安全。

（5）物流服务提供商

负责承担将商品从卖家运送至客户的任务，提供高效的配送服务。

（6）营销服务提供商

负责运用各种营销策略和推广手段，助力卖家提升销售量和品牌知名度，推动移动电子商务的发展。

（7）客户

作为移动电子商务价值链的终端受益者，能够通过移动设备随时随地购物。

这些要素相互协作，共同形成了完整的移动电子商务价值链。同时，这一价值链也推动了行业间的融合与创新，为经济发展增添了新动力。

二、移动电子商务价值链的关键环节

1. 移动设备与网络

移动设备和网络是移动电子商务价值链中的核心组成。移动设备在现代生活中占据举足轻重的地位，它们使人们能够随时随地保持联系、获取信息、娱乐及工作。移动设备上日益丰富的应用程序满足了人们的多样化需求，如购物、支付、服务预约乃至远程工作。网络为移动设备提供强大支撑，使人们能够接入全球资源与服务，极大地拓展了移动设备的功能，如浏览网页、下载文件、观看视频及在线参会等。此外，网络还为人们提供了社交、学习、娱乐等多种可能性。

然而，作为移动电子商务的关键环节，移动设备和网络的安全问题不容忽视。当前网络安全威胁日益严峻，恶意软件、病毒等不断涌现，给个人数据安全与隐私带来严重风险。随着网络连接的增多，数据泄露和隐私侵犯的风险也随之攀升。因此，在使用移动设备和网络时，必须保持高度警惕，切实保护好个人数据安全与隐私。

2. 移动应用与服务

移动应用与服务是随着移动设备和移动互联网技术的普及而蓬勃发展的，已成为移动电子商务价值链中的核心环节。它涉及多个领域，包括移动应用的开发、测试、营销推广及相关服务等。移动应用与服务的开发和测试应基于苹果操作系统、安卓操作系统、小程序等基础操作系统和应用平台进行。开发者应遵循各平台的规范和标准，设计和实现多样化的功能和应用，从而满足客户需求。

在移动应用服务层面，关键在于提供高效、稳定且安全的移动应用服务，涵盖服务器部署、负载均衡、容灾备份等关键环节。同时，必须充分考虑人为因素，以持续提升服务质量，确保客户满意。

3. 移动支付与安全

移动支付是一种方便快捷的支付方式，它允许客户通过手机或其他移动设备进行购买和支付。然而，随着移动支付的普及，安全问题也变得越来越重要。

移动支付的安全性取决于多个因素，包括设备安全性、网络安全性、应用程序安全性以及金融机构的安全性等。为了确保移动支付的安全性，客户应该注意以下几点。

（1）使用安全的设备

客户应该使用具有最新操作系统和安全更新的手机或平板电脑进行移动支付。此外，客户还应该确保设备上的应用程序都是从官方应用商店下载的，避免安装恶意软件。

（2）使用强密码和双因素认证

客户应该为移动设备设置强密码，并启用双因素认证。双因素认证是一种额外的安全措施，要求客户提供除了密码之外的其他验证方式，如指纹识别或短信验证码。

（3）保护个人隐私

客户应该避免在公共场所透露自己的个人信息，如银行卡号、密码或身份信息。此外，客户还应该定期检查并更新自己的隐私设置，确保自己的个人信息得到充分保护。

（4）定期更新应用程序和操作系统

客户应该定期更新自己的手机或平板电脑上的应用程序和操作系统。这可以确保设备具有最新的安全补丁和功能，防止恶意软件和病毒的攻击。

（5）谨慎处理可疑交易

如果客户发现任何可疑的交易或账户活动，应该立即联系银行或支付平台。此外，客户还应该定期检查自己的银行账户和支付账单，确保没有未经授权的交易。

三、移动电子商务的商业模式

移动电子商务的商业模式主要包括以下几个方面。

1. 移动购物模式

移动购物模式是指通过移动设备购物的模式。随着移动互联网的普及和移动支付技术的发展，移动购物模式已经成为客户购物的新趋势。移动购物模式具有以下特点。

（1）便捷性

移动设备随身携带，客户可以随时随地购物，无须受到时间和地点的限制。

（2）多样性

移动购物模式提供了多种购物方式，如移动应用购物、微信小程序购物、移动网页购物等，客户可以根据自己的喜好和需求选择不同的购物方式。

（3）个性化

移动设备可以记录客户的购买历史、浏览记录等数据，为客户提供个性化的推荐和服务。

（4）社交性

移动购物模式可以与社交媒体相结合，客户可以通过社交媒体分享购物信息、评价商品等，形成社交化的购物体验。

（5）安全性

随着移动支付技术的发展，移动购物模式在支付环节已经具备了较高的安全性，客户可以放心地进行支付操作。

2. 移动广告模式

移动广告模式是指通过手机等移动设备接收广告信息的商业模式。这种模式为广告主提供了更广泛的传播渠道和更精准的目标受众，提高了广告效果和营销效果。同时，这种模式也为客户提供了更多的信息和选择。

3. 移动社交模式

移动社交模式是指通过手机等移动设备进行社交活动的商业模式。这种模式为客户提供了更加便捷的社交方式和更加丰富的社交内容，方便客户随时随地与朋友、家人保持联系。同时，这种模式也为商家提供了更多的营销机会和推广渠道。

4. 移动办公模式

移动办公模式是指通过手机等移动设备进行办公活动的商业模式。这种模式为上班族提供了更加便捷的工作方式和更加高效的工作效率，方便上班族随时随地处理工作事务。同时，这种模式也为企业提供了更加灵活的工作方式和更加高效的工作流程。

5. 移动娱乐模式

移动娱乐模式是指通过移动设备进行娱乐的商业模式，包括手机游戏、移动音乐、移动视频等。其中，手机游戏是最受欢迎的移动娱乐形式之一。随着智能手机的普及和游戏技术的发展，移动娱乐模式已经成为人们日常生活中不可或缺的一部分，它不仅丰富了人们的娱乐生活，还为人们提供了更加便捷和多样化的娱乐方式。

6. 移动金融模式

（1）移动金融的商业模式

1）移动支付。移动支付是移动金融的基础，客户可以通过手机或其他移动设备进行转账、支付账单、购买商品等操作。

2）移动银行。移动银行是传统银行的延伸，客户可以通过手机银行应用程序进行账户查询、转账、贷款申请等操作。

3）移动保险。移动保险是指保险企业通过移动设备向客户提供保险服务，如车险、寿险等。

4）移动证券。移动证券是指证券企业通过移动设备向客户提供证券交易服务，如股票买卖、基金申购等。

（2）移动金融的重点关注内容

1）客户规模。移动金融的客户规模是商业模式的基础，只有拥有足够多的客户，才能实现商业价值。

2）数据价值。移动金融能够收集到客户的各种数据，如消费习惯、信用记录等，这些数据具有很高的商业价值，可以用于精准营销、风险控制等方面。

3）服务效率。移动金融能够提供快速、便捷的服务，提高客户的服务体验，从而吸引更多的客户。

4）安全性。移动金融需要保障客户资金的安全，建立完善的安全机制，防止资金被盗或丢失。

四、移动电子商务价值链与商业模式的互动关系

1. 移动电子商务价值链对商业模式的影响

移动电子商务价值链对商业模式的影响主要体现在以下几个方面。

（1）价值链重构

随着移动通信技术和数字技术的发展，整个产业价值链不再由一部分企业所垄断，而是分散在更多的企业和个体手中。这会导致产业的去中心化和分布化趋势，但也会带来新的商业机会。一条价值链中，各参与者之间的紧密合作和创新协同效应将变得越来越重要。企业将在特定领域内寻求、建立合作方式，并通过新型技术与其他企业交互合作，提高商品和服务的质量、降低成本，以便更快地适应市场需求变化。

（2）商业模式创新

价值链重构的产生，将引发商业模式、产业结构的重构和改变，这也正是企业进行完善和转型升级的机遇。企业通过了解价值链，可以找到其核心竞争力所在，识别内外部环境中的机遇与挑战，同时也可以更好地把握市场信息，满足客户需求，实现商业模式创新。

2. 移动电子商务商业模式对价值链的推动作用

移动电子商务商业模式对价值链的推动作用主要体现在以下几个方面。

（1）促进信息流动

移动电子商务通过移动设备连接互联网，使得信息能够更快速、更广泛地传播。这种信息流动不仅提高了企业的运营效率，还使得客户能够更方便地获取信息，从而推动价值链的发展。

（2）优化资源配置

移动电子商务使得企业能够更精准地了解市场需求和客户行为，从而优化资源配置。企业可以根据市场需求和客户行为调整商品设计和营销策略，提高资源利用效率，推动价值链的发展。

（3）提升服务质量

移动电子商务通过提供更便捷、更个性化的服务，提升了服务质量。这种服务质量的提升不仅提高了客户的满意度，还为企业创造了更多的商业机会，从而推动了价值链的发展。

（4）降低交易成本

移动电子商务通过降低交易成本，提高了交易效率。这种交易成本的降低不仅使得企业能够更高效地运营，还使得客户能够更方便地购物，从而推动了价值链的发展。

思考与练习

1. 移动电子商务价值链的构成要素有哪些?
2. 移动电子商务价值链的关键环节有哪些?
3. 移动电子商务商业模式对价值链的推动作用体现在哪些方面?

学习单元3　移动电子商务内贸平台应用

学习目标

知识目标

1. 了解大型企业自建移动电子商务内贸平台的优势
2. 掌握传统电子商务向移动端的衍生

技能目标

1. 能深入分析微商的选品原则与推广策略
2. 能有效辨析移动社交平台上的微营销工具及其应用

导语

移动电子商务内贸平台是各大型企业在现代商业活动中的一个重要工具，它通过手机、平板电脑等移动设备实现商品和服务的交易。该平台不仅方便快捷，而且覆盖面广，可以随时随地进行商业活动。移动电子商务内贸平台的应用广泛，可以实现商品展示、在线支付、物流跟踪、客户管理等。商家可以通过平台发布商品信息，客户则可以随时随地浏览和购买商品。对大型企业来说，移动电子商务内贸平台可以提高销售效率，降低运营成本；而对于客户来说，该平台则提供了更加便捷的购物体验。

思考：移动电子商务内贸平台的快速发展和哪些因素有关？平台的建立给企业带来哪些改变？

一、大型企业自建移动电子商务平台概述

许多大型企业，如阿里巴巴、京东、唯品会、苏宁、国美等在涉足电子商务的初期就搭建起自己的电子商务平台。随着移动互联网技术的快速发展，这些企业在自己的电子商务平台基础上，各自推出了移动端应用，与原有的传统网店相结合，为客户提供多渠道的使用场景。

1. 大型企业自建移动电子商务平台的优势

大型企业自建移动电子商务平台具有以下优势。

（1）提升品牌形象

通过自建移动电子商务平台，企业可以更好地展示自身品牌形象，提高品牌知名度和美誉度。

（2）提高客户忠诚度

自建移动电子商务平台可以提供更加个性化、便捷的服务，从而提高客户对企业的信任度和忠诚度。

（3）优化销售渠道

自建移动电子商务平台有助于企业拓展销售渠道，实现线上线下的融合发展，提高市场份额。

（4）降低运营成本

通过自建移动电子商务平台，企业可以实现直接面向客户的销售，降低中间环节的成本，提高盈利能力。

（5）增强数据掌控能力

自建移动电子商务平台使得企业能够更方便地收集和分析客户数据，为企业决策提供有力支持。

2. 大型企业自建移动电子商务平台的挑战与应对策略

（1）大型企业自建移动电子商务平台的挑战

尽管自建移动电子商务平台具有诸多优势，但大型企业在此过程中也面临着一定的挑战。

1）技术难题。构建移动电子商务平台需要掌握一系列技术，如移动互联网技术、大数据技术、人工智能技术等。企业需要不断学习和创新，以应对不断变化的技术环境。

2）市场竞争。移动电子商务市场竞争激烈，企业需要具备强大的竞争力，才能在市场中脱颖而出。

3）客户体验。如何提供优质的客户体验，满足客户对便捷、高效、个性化服务的需求，是企业自建移动电子商务平台需要关注的问题。

4）运营成本。自建移动电子商务平台需要投入大量资金用于技术研发、市场推广、

运营维护等方面。企业需要合理控制成本，确保项目盈利。

5）合规与监管。企业需要关注相关政策法规，确保自建移动电子商务平台的合规性，避免因监管问题导致业务受阻。

（2）企业可以采取的策略

1）加强技术创新。企业应重视技术研发，不断引进和培养高素质人才，以保持技术优势。

2）拓展合作渠道。企业可以与其他企业、行业协会、政府部门等建立合作关系，共同推进移动电子商务的发展。

3）优化客户体验。企业应关注客户需求，不断改进商品和服务，提升客户体验。

4）精细化运营管理。企业需要加强对运营成本的管控，通过精细化运营管理，提高平台的盈利能力。

5）关注政策动态。企业应密切关注政策法规的变化，确保自身业务的合规性。

二、传统电子商务企业移动端衍生

1. 阿里巴巴移动端的衍生

阿里巴巴移动端的衍生主要是针对移动设备的客户，提供更加便捷、高效的服务。

（1）淘宝移动应用

淘宝网是阿里巴巴旗下的一个电商平台，提供各种商品的交易服务。淘宝移动应用是淘宝网在移动端的延伸，客户可以在手机上随时随地浏览和购买商品。

（2）支付宝

支付宝是阿里巴巴旗下的一个支付平台，提供各种支付服务。支付宝移动应用是支付宝在移动端的延伸，客户可以在手机上随时随地完成支付操作。

（3）闲鱼

闲鱼是阿里巴巴旗下的一个二手交易平台，提供各种二手商品的交易服务。闲鱼移动应用是闲鱼在移动端的延伸，客户可以在手机上随时随地浏览和购买二手商品。

（4）饿了么

饿了么是阿里巴巴旗下的一个外卖平台，提供各种外卖服务。饿了么移动应用是饿了么在移动端的延伸，客户可以在手机上随时随地浏览和订购外卖。

2. 京东商城移动端的衍生

京东商城移动端的衍生功能和特性有很多，以下是其中的一些主要方面。

（1）移动购物

京东商城移动端提供了方便快捷的移动购物体验。客户可以在手机上浏览商品、添加到购物车、下单购买，并支持多种支付方式。

（2）商品搜索

京东商城移动端提供了强大的商品搜索功能，客户可以通过关键词搜索或分类筛选找到自己需要的商品。

（3）优惠活动

京东商城移动端会及时推送各种优惠活动，如限时秒杀、满减优惠等，客户可以随时关注并参与活动，享受更多实惠。

（4）个性化推荐

京东商城移动端会根据客户的浏览历史、购买记录等数据，为客户提供个性化的商品推荐，帮助客户发现更多感兴趣的商品。

（5）会员服务

京东商城移动端提供了完善的会员服务，包括会员专享价、会员日历、会员权益等，提升客户的购物体验和忠诚度。

（6）客户服务

京东商城移动端提供了在线客服、电话客服等多种客户服务方式，方便客户随时咨询和解决问题。

（7）数据分析

京东商城移动端会对客户的购物行为、浏览历史等数据进行分析，为商家提供数据支持和营销建议，帮助商家提高销售额和客户满意度。

3. 拼多多移动端的衍生

拼多多移动端的衍生主要体现在以下三个方面。

（1）移动端购物

利用拼多多移动端的购物模式，客户可以随时随地购物，享受便捷的购物体验。

（2）移动端社交

拼多多移动端利用社交电商模式，将社交与购物相结合，通过社交网络的力量，将购物信息、优惠活动等快速传播给更多的客户。

（3）移动端砍价

拼多多移动端推出的砍价模式，让客户邀请好友帮忙砍价，以更低的价格购买商品，这种模式在移动端得到了广泛的推广和应用。

三、微商

1. 微商的定义与特点

微商是指基于微信等社交媒体平台进行商品销售和交易的新型商业模式。它结合了移动互联网的便捷性和社交媒体的广泛性，使得商业活动更加高效、直接和个性化。微商的特点主要包括以下几个方面。

（1）依托社交媒体

微商主要依赖于微信等社交媒体平台进行商品展示、推广和交易，利用社交网络的力量将商品信息快速传播给更多的潜在客户。这使得微商具有更强的社交属性，能够更好地利用社交网络的力量进行商品传播和销售。

（2）移动便捷性

微商的交易过程主要在移动设备上进行，客户可以通过手机随时随地进行商品浏览、下单购买等操作。这使得微商具有更强的便捷性，能够满足客户在碎片化时间内的购物需求。

（3）个性化定制

微商可以根据客户的需求和喜好，提供个性化的商品推荐和服务。这使得微商具有更强的定制性，能够更好地满足客户的个性化需求。

2. 微商的发展历程与现状

微商的发展经历了以下几个阶段。

（1）兴起阶段

2013 年左右，微信等社交媒体平台开始出现一些微商从业者，他们在朋友圈等社交媒体平台上发布商品信息并进行销售。这一阶段的微商主要依赖于个人的社交关系链进行商品传播和销售。

（2）发展阶段

随着微信等社交媒体平台的普及和移动互联网的发展，越来越多的商家和个人开始关注并加入微商行业。这一阶段的微商开始形成一定的规模和专业性，出现了许多专业的微商团队和平台。

（3）规范化阶段

近年来，随着政府对电商行业的监管加强和客户对商品质量的要求提高，微商行业开始逐渐规范化。一些大型电商平台也开始涉足微商领域，推出自己的微商平台和服务。

目前，微商行业已经形成了庞大的规模。许多商家和个人通过微商平台进行商品销售和交易，实现了商业模式的创新和转型。

3. 微商开展的模式

微商开展的模式多种多样，常见的模式如下。

（1）社交化营销模式

社交化营销模式是微商广泛使用的一种模式，主要通过直接与客户沟通来建立信任和忠诚度，增强客户与微商之间的联系。这种模式需要微商具有良好的沟通能力，可以通过微信朋友圈、微信直播、微信群等方式达到宣传和销售的效果。

（2）移动端商城模式

移动端商城模式是通过微信卖货的一种模式，使客户能够更加方便地购买自己喜爱的商品。通过微信公众号和小程序等平台，微商可以开设自己的网络商城，打造一站式的购物体验平台。

（3）层层分销的微商模式

层层分销的微商模式包括一级分销、二级分销及三级分销等方式。

（4）淘宝店转微商模式

淘宝店转微商模式是将淘宝店数据倒到微信私人号（利用淘宝客户的手机号添加到微信），然后通过微信私人号做服务及销售的微商模式。

（5）自营及直营微商模式

自营及直营微商模式是商家自己经营和管理的微商模式。

（6）“粉丝”社群微商模式

“粉丝”社群微商模式是通过建立“粉丝”社群，将“粉丝”转化为微商代理的微商模式。

（7）内部员工微商模式

内部员工微商模式是通过激励内部员工开展微商业务的微商模式。

（8）利用客户的微商模式

利用客户的微商模式是将自己的客户全部转化成代理的微商模式，客户既是客户，也是微商代理。

（9）第三方微店模式

第三方微店模式是通过微信第三方接口，为品牌方提供微信商场销售支付以及促销等服务的平台的微商模式。

（10）微商批发模式

微商批发模式是利用微信以及微信的链接裂变关系做批发销售的微商模式。

（11）微信派单模式

微信派单模式是通过在微信公众号或者朋友圈投放软文，给更高层级的代理私人号加“粉丝”，转化代理的微商模式。

不同的模式有各自的特点和优势，选择哪种模式取决于商家的具体情况和需求。

4. 微商商品选择与推广

（1）商品的选择标准

在微商行业中，选择优质的商品是至关重要的。以下是选择优质商品的标准。

1）品质可靠。优质的商品首先需要具备可靠的品质，这包括商品的耐用性、稳定性、安全性等方面。商家需要选择经过严格检测和认证的商品，以确保其品质可靠，能够赢得客户的信任。

2）市场需求大。选择市场需求大的商品可以更好地满足客户的需求，提高销售量。商家需要了解目标客户的需求和喜好，选择符合市场需求的商品。

3）价格合理。价格是客户购买商品时考虑的重要因素之一。商家需要选择价格合理的商品，确保商品的性价比，吸引更多的客户。

4）品牌知名度高。品牌知名度高的商品更容易获得客户的认可和信任。商家需要选择具有较高品牌知名度的商品，提高商品的销售量和口碑。

5）售后服务完善。优质的售后服务可以增强客户的购买信心，提高商品的口碑。商家需要选择提供完善售后服务的品牌商品，确保客户在购买后能够得到及时的解决方案和支持。

总结来说，选择优质商品需要综合考虑品质、市场需求、价格、品牌知名度以及售后服务等多个方面。只有选择符合这些标准的商品，才能在微商行业中取得更好的业绩和发展。

（2）常见的推广方法

在微商行业中，商品推广是决定销售成果的关键环节。以下是几种常见的商品推广方法。

1）内容营销。通过在社交媒体平台上发布有价值、有趣、引人关注的内容，吸引潜在客户关注并转化为实际销售。内容可以包括商品介绍、使用教程、行业资讯等。

2）分享推广。由于店铺页和商品详情页都有相应的分享按钮，卖家可以点击这些按钮将店铺和商品详情分享到社交媒体页面，供好友点击阅览。

3）熟人推荐。可以帮助身边的亲戚、朋友、同事等开设微店，让他们作为分销商，请他们利用QQ、微博、微信等方式分享出去，当他们卖出了商品，就会获得佣金奖励。

4）口碑营销。鼓励满意的客户为商品点赞、评论、分享，让口碑在社交网络中传播，提高商品的信誉度和影响力。

5）合作营销。与其他微商或意见领袖合作，互相推广各自的商品，扩大品牌影响力。

6）优惠券和促销活动。通过发放优惠券、限时折扣、满减等活动，刺激客户购买欲望，提高销售额。

7）精准推送。根据客户的购买记录和喜好，推送相关商品信息，提高转化率。

8）社群运营。建立商品相关的社群，邀请潜在客户加入，通过互动、讨论、分享等方式提高客户对商品的认知和信任度。

通过以上方法，微商可以有效地提高商品曝光度、吸引潜在客户、增加销售额，从而在激烈的市场竞争中脱颖而出。但在实际操作中，微商还需不断学习和尝试，找到最适合自己的推广方法。

5. 微商的法律责任与风险防范

随着微商行业的快速发展，微商的法律责任和风险防范问题也日益受到关注。

（1）微商的法律责任

根据相关法律法规，微商作为商品的销售者，应当遵守《中华人民共和国民法典》《中华人民共和国消费者权益保护法》（以下简称《消费者权益保护法》）等相关法律法规。具体来说，微商需要承担以下法律责任。

1）商品质量责任。微商销售的商品应当符合相关质量标准，不得销售假冒伪劣、过期变质的商品。如果因商品质量问题给客户造成损失，微商需要承担相应的赔偿责任。

2）虚假宣传责任。微商在宣传商品时应当真实、准确，不得进行虚假宣传或误导客户。如果因虚假宣传给客户造成损失，微商需要承担相应的法律责任。

3）客户权益保护责任。微商应当遵守《消费者权益保护法》，保障客户的合法权益。如果因违反消费者权益保护规定给客户造成损失，微商需要承担相应的法律责任。

（2）风险防范措施

为了规避法律风险，微商可以采取以下措施。

1）了解相关法律法规。微商应当了解并遵守相关法律法规，确保自身经营活动合法合规。

2）建立完善的进货渠道。微商应当建立规范的进货渠道，确保所售商品质量可靠，避免因商品质量问题引发的法律纠纷。

3）规范宣传行为。微商在宣传商品时应当遵守相关法律法规，不得进行虚假宣传或误导客户。

4）保障客户权益。微商应当遵守《消费者权益保护法》，保障客户的合法权益，避免因违反消费者权益保护规定引发的法律纠纷。

5）建立风险防范机制。微商可以建立风险防范机制，如定期对经营活动进行自查、及时处理客户投诉等，降低法律风险。

微商了解自身的法律责任并采取有效的风险防范措施至关重要。只有遵守相关法律法规，确保自身经营活动合法合规，微商才能赢得客户的信任和支持，实现可持续发展。

四、移动社交平台微营销

1. 移动社交平台概述

（1）移动社交平台的概念

移动社交平台是指基于智能手机、平板电脑等移动设备，提供社交功能的应用程序和服务。这些平台允许客户创建个人资料、上传照片和视频、分享状态更新、与其他客户互动等。

（2）移动社交平台的特点

1）便携性。客户可以随时随地使用移动社交平台，不受时间和地点的限制。

2）实时性。客户可以随时查看好友的最新动态和消息，及时了解他人的情况。

3）互动性。客户可以通过移动社交平台与他人互动，包括发送消息、评论、点赞等。

4）个性化。客户可以根据自己的喜好和需求，定制自己的页面和功能，满足个性化需求。

（3）移动社交平台的主要功能

1）社交网络。客户可以创建个人资料，上传照片和视频，与其他客户建立联系，形成社交网络。

2）状态更新。客户可以发布状态更新，分享自己的生活、工作和学习情况，让好友了解自己的近况。

3）消息聊天。客户可以与其他客户进行一对一私聊或群聊，发送文字、语音、视频等多种形式的消息。

4）活动组织。客户可以通过移动社交平台组织线上或线下的活动，邀请其他客户参与。

5）广告推送。商家可以通过移动社交平台发布广告和促销信息，吸引潜在客户。

2. 微营销基础

（1）微营销的概念

微营销是传统营销与现代网络营销的结合体，是以移动互联网作为主要沟通平台，利用微博、微信等移动社交平台，通过可管理的、线上线下的沟通，建立和强化与客户的关系，实现客户价值的一系列过程。

（2）微营销的特点

1）精准定位。微营销通过大数据和人工智能技术，对目标受众进行精准定位，制定营销策略并实现个性化推送。

2）社交互动。微营销注重社交互动，通过社交媒体平台与客户实时互动，增强客户黏性和忠诚度。

3）内容营销。微营销强调内容营销，通过有价值的内容吸引客户关注，提高品牌知名度和美誉度。

4）数据驱动。微营销以数据为驱动，通过对客户行为、兴趣爱好等数据的分析，优化营销策略，评估营销效果。

（3）微营销与传统营销的区别

微营销与传统营销的区别主要体现在以下几个方面。

1）传播渠道不同。微营销主要通过微博、微信、抖音等社交媒体平台进行传播，而传统营销则主要通过电视、报纸、杂志等传统媒体进行传播。

2）传播方式不同。微营销采用点对点的传播方式，通过社交媒体平台直接向目标受众传递信息，而传统营销则采用大众传播的方式，通过传统媒体向广大受众传递信息。

3）营销策略不同。微营销注重个性化、精准化的营销策略，通过数据分析、客户画像等方式精准定位目标受众，而传统营销则更注重广泛覆盖、大面积宣传的策略。

4）互动性不同。微营销具有较强的互动性，可以通过社交媒体平台与客户实时互动，了解客户需求和反馈，而传统营销则缺乏这种互动性。

3. 微营销常见的方法

（1）移动广告

移动广告是通过移动设备（如手机、平板电脑等）访问移动应用或移动网页时显示的广告。这些广告形式多样，包括图片、文字、插播广告、HTML5（超文本标记语言版本 5，简称 H5）、链接、视频等。随着智能手机的普及，人们越来越依赖手机进行各种活动，包括购物、娱乐、社交等。因此，在移动设备上投放广告可以覆盖更广泛的受众群体，提高广告的曝光率和点击率。

此外，移动广告还可以通过多种方式与客户互动，如推送通知、横幅广告、插播广告等。这些互动方式可以吸引客户的注意力，提高客户的参与度和兴趣，从而促进广告的转化效果。

需要注意的是，移动广告的投放需要考虑到客户的体验和隐私保护。因此，在投放移动广告时，需要遵守相关法律法规和行业规范。同时，也需要根据客户的兴趣和需求进行精准投放，提高广告的针对性和有效性。

（2）二维码营销

二维码营销是一种新型的营销方式，通过传播二维码图案，引导客户扫描二维码，推广相关的商品资讯、商家推广活动等，刺激客户购买。这种营销方式具有便捷、精准、互动性强等优点，被广泛应用于各个行业和领域。

二维码营销还可以结合其他营销手段，如社交媒体、线下活动等，形成全方位的营销策略，提高品牌知名度和销售额。

（3）LBS 营销

LBS 营销是一种基于位置的服务营销方式，它通过互联网或无线网络，在固定客户或移动客户之间完成定位和服务销售。LBS 营销的核心商品机制是在某个地点签到，有机会赢取一枚特殊的徽章。这使得品牌与 LBS 合作发行具有特殊含义的品牌徽章成为可能。且徽章一旦获得，将永远保留，这对于品牌来说将是长期的曝光，能够让客户更好地记住品牌形象。

此外，LBS 营销还可以协助品牌进行商品促销。例如，当客户登录 LBS 客户端时，LBS 会自动检索客户当前所在位置，并显示附近正在或即将举行活动的地点。客户可以点击查看活动详情，并选择前往任意一个地点签到、赢取徽章、参加活动。这种定位式广告特别适用于有线下门店的品牌，通过签到营销机制能将客户直接领到门店，促进线下人流。

LBS 营销还可以通过同步形成口碑传播。例如，当一位客户在社交媒体上分享其在某个地点签到并获得了特殊徽章的经验时，其朋友可能会对这个品牌产生兴趣并尝试签到。

（4）H5 营销

H5 营销是指基于移动端 H5 页面技术的互动营销方式。H5 页面是一种使用 HTML5

标准开发的网页应用，具有跨平台性、高度交互性和丰富的视觉效果。H5 营销利用 II5 页面的特点，结合移动设备的特性，实现高度定制化的营销活动，提高客户参与度和品牌传播效果。H5 营销的类型主要有以下几种。

1）商品展示型。这种类型的 H5 营销通常聚焦于商品综合性能介绍，运用 H5 强大的展示效果，结合图文、视频以及虚拟现实全景图等媒介展示商品特性，抓住客户的痛点，刺激客户产生购买欲望。

2）活动推广型。为活动推广而打造的 H5 页面形式比较多变。如今的活动推广型 H5 营销需要有互动性更强、质量更高、话题更丰富的设计促成客户分享传播。利用微信端庞大的客户流量推广品牌营销活动，同时借助客户自发传播的方式，可以使活动产生裂变式传播效果。

3）品牌宣传型。与讲究时效性的活动推广型 H5 营销不同的是，品牌宣传型 H5 营销更倾向于品牌形象塑造，向客户传达品牌的精神态度。因此，在设计品牌宣传 H5 页面时需要运用符合品牌气质的视觉语言，加深客户对品牌的印象。

4. 移动社交平台的微营销工具

（1）移动应用营销

移动应用营销即客户端应用程序营销，它是企业利用移动互联网，在第三方应用平台发布应用程序，吸引客户下载使用，以此进行发布商品、宣传活动或服务、提供品牌信息等一系列活动的营销方式。移动应用营销有多种模式，具体如下。

1）广告植入功能性或游戏类应用。在众多的功能性应用和游戏类应用中，植入广告是最基本的模式。广告主通过动态广告栏形式植入广告，只要客户点击广告栏，就会进入网站链接，了解广告主详情或者参与活动。这种模式操作简单，只要将广告投放到那些下载量比较大的应用上，就能达到良好的传播效果。

2）开发品牌应用。企业根据自己的客户定位研发手机应用，达到营销目标。企业可以将趣味兼创意的内容与品牌或商品的核心概念相融合，反映商品主旨或品牌理念，让客户在使用移动应用的过程中自然而然地了解商品和品牌信息，在娱乐或获取价值的同时对品牌形成一定的黏性，提升品牌的亲和力，树立品牌的良好口碑。

3）借助社交网络等实现整合营销。借助微信等社交网络的广泛传播性，顺应移动应用营销的多元化发展趋势，整合其他营销手段和多方技术，带给客户突破性的体验。延伸移动营销的价值是企业移动应用营销的有效手段。企业的移动应用营销可以与传统广告、视频营销、店面促销、事件营销等独立营销方式整合，形成整体协同效应，确保营销效果最大化。

4）与 LBS 相结合开展本地营销。基于位置的服务是通过定位方式获取移动终端客户的位置信息，为客户提供相应服务的一种增值业务。LBS 营销就是企业借助无线网络，在移动客户之间完成定位和服务销售的一种营销方式。这种方式可以引导目标客户更加深刻地了解企业的商品和服务，最终达到宣传企业品牌、提高市场认知度的目的。

（2）微信营销

微信营销是网络经济时代企业或个人营销模式的一种，是借助微信这一社交软件的一种网络营销方式。微信不存在距离的限制，客户注册微信后，可与周围同样注册的朋友形成一种联系。客户订阅自己所需的信息，商家通过提供客户需要的信息推广自己的商品，从而实现点对点的营销。

微信营销主要在手机或者平板电脑中的移动客户端进行区域定位营销。商家通过微信公众平台，结合微信会员管理系统展示商家微官网、微会员、微推送、微支付、微活动，实现线上线下微信互动营销方式。

（3）微博营销

微博营销是一种通过微博平台为商家、个人等创造价值的营销方式。它涉及的范围包括认证、有效“粉丝”、朋友、话题、开放平台、整体运营等。微博营销注重价值的传递、内容的互动、系统的布局、准确的定位，以微博作为营销平台，每一个受众都是潜在的营销对象。

企业可以利用微博向受众传播企业信息、商品信息，树立良好的企业形象和商品形象，每天更新内容就可以跟受众交流互动，或者发布受众感兴趣的话题，以此达到营销的目的。

（4）社群营销

社群营销是一种基于社交媒体平台，通过社群参与者的互动和口碑传播提升品牌知名度、拓展客户群体、实现营销目标的营销方式。社群营销的做法具体如下。

1）找到合适的社群。找到有利于企业营销的社群，如相关行业的社群、有影响力的社群等。

2）制定社群营销策略。认真制定社群营销策略，确定营销目标、营销内容、营销时间等。

3）建立社群营销团队。建立一支专门的社群营销团队，专门负责社群营销工作。

4）发布有质量的内容。及时发布有质量的内容，如新闻、行业资讯、商品信息等。

5）积极参与社群互动。积极参与社群互动，如回复评论、发布投票等。

6）定期进行数据分析。定期进行数据分析，确定营销效果，及时调整营销策略。

思考与练习

1. 分析大型企业自建移动电子商务平台的优势和挑战。
2. 参考阿里巴巴和京东的案例，探讨大型企业自建移动电子商务平台的策略。
3. 讨论大型企业自建移动电子商务平台对我国电子商务产业发展的意义。